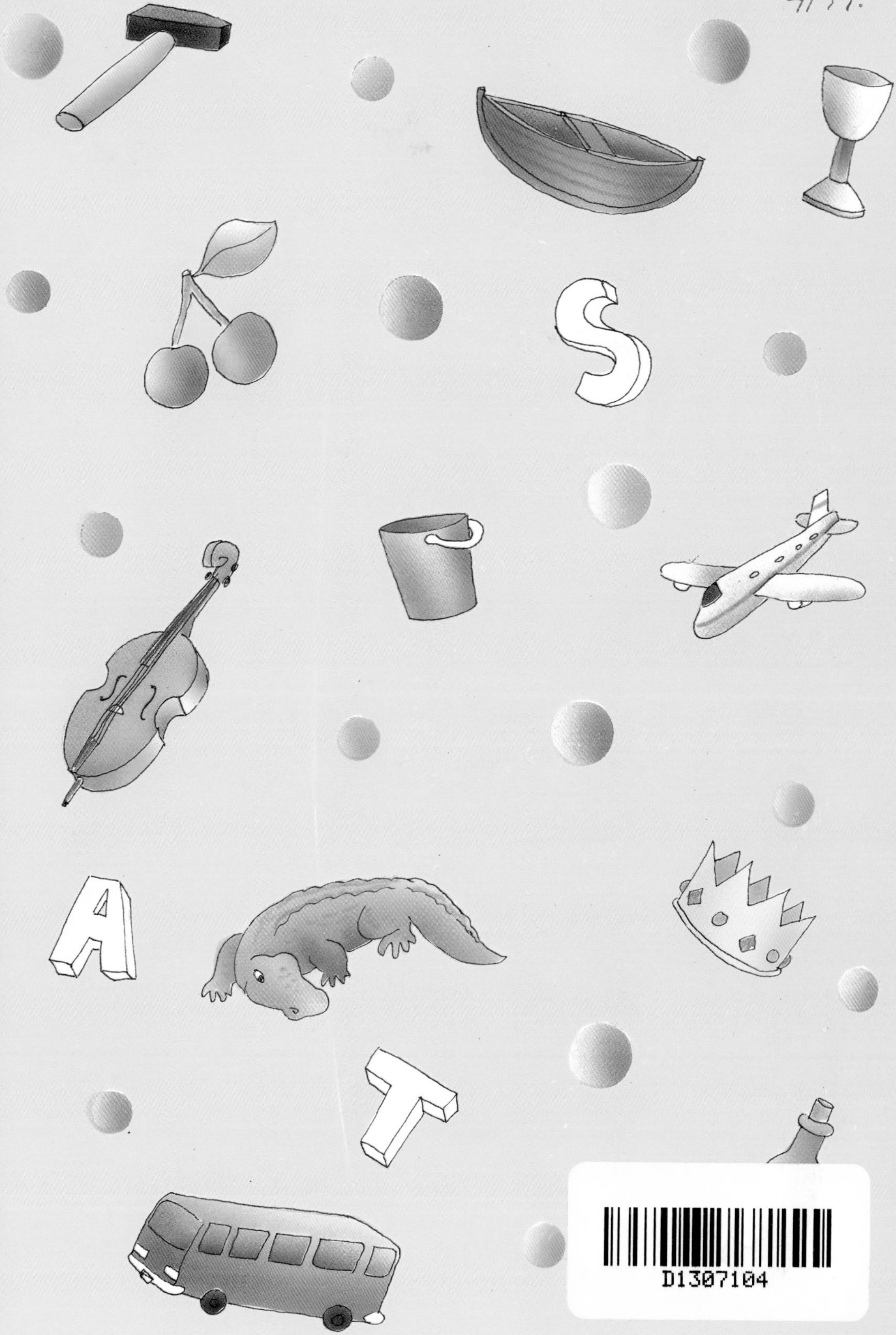

BARRON'S

Juvenil

Diccionario Ilustrado
Inglés para Hispanos

Texto:
Rupert Livesey y Astrid Proctor

Ilustraciones:
Gerald Chmielewski

Versión en Español:
Venetia Scalo y Christopher Kendris

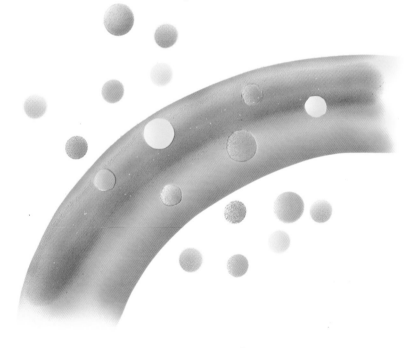

BARRON'S

Original title: PONS JUNIOR—Illustriertes Wörterbuch ENGLISCH. Spanish language version by Venetia Scalo and Christopher Kendris.

First Spanish language edition published in 1994 by Barron's Educational Series, Inc.
Spanish language version © Copyright 1994 by Barron's Educational Series, Inc.

Address all inquiries to:
Barron's Educational Series, Inc.
250 Wireless Boulevard
Hauppauge, New York 11788

Library of Congress Catalog No. 94-72297

International Standard Book No. 0-8120-6457-7

Printed in Spain

4567   9917   987654321

Prólogo

Este diccionario ilustrado está destinado para escolares de siete años de edad o mayores. Su utilidad es particularmente manifiesta cuando se emplea como libro complementario para el estudio inicial del inglés.

Las palabras inglesas contenidas en este diccionario son de uso común en conversaciones diarias. Sus significados se presentan de modo conciso y con frecuencia se acompañan de frases ejemplares en inglés.

Las pronunciaciones fonéticas aparecen entre paréntesis cuadrados, inmediatamente después de cada palabra en inglés. Debido a que en el idioma español cada letra se pronuncia siempre de la misma manera, la pronunciación de las palabras inglesas se torna en una labor muy sencilla. Una guía para la pronunciación en la página 13 aclara interrogantes relativas a la pronunciación de sonidos que no existen en nuestro idioma. Finalmente, simpáticas ilustraciones a todo color aparecen en cada página para aclarar conceptos básicos con un solo vistazo.

Comenzando con la página 121, numerosos dibujos clasificados por tema proveen importante vocabulario. Un extenso diccionario inverso (español-inglés) ubicado al final de este libro permite encontrar cualquier palabra inglesa mediante la identificación inicial de la misma palabra en español. Todas las palabras inglesas en esta sección van acompañadas de sus respectivas pronunciaciones.

Esta es la familia Bridges y sus amigos. Ellos te acompañarán cuando busques una palabra y también te dirán y mostrarán muchas cosas en inglés.

Dad [dad] es el padre de Ben, Cathy y Emma.

Mom [mam] es la Madre de Ben, Cathy y Emma.

Cathy [káthy] tiene doce años y es la hermana de Ben y Emma.

Granny [grány] es la abuelita de Ben, Cathy y Emma.

Grandad [grándad] es el abuelito de Ben, Cathy y Emma.

Ben [ben] tiene nueve años y es el hermano de Cathy y Emma.

Sam [sam] es el mejor amigo de Ben.

Kirsty [kérsti] es la mejor amiga de Cathy.

Emma [éma] tiene tres años y es la hermanita de Cathy y Ben.

Muffin [máfin] es el perro de la familia Bridges.

Silky [sílky] es la gata de la familia Bridges.

Diccionario

En este diccionario hay aproximadamente 2.000 palabras inglesas arregladas por orden alfabético.

Cathy te muestra lo que puedes encontrar en un artículo.

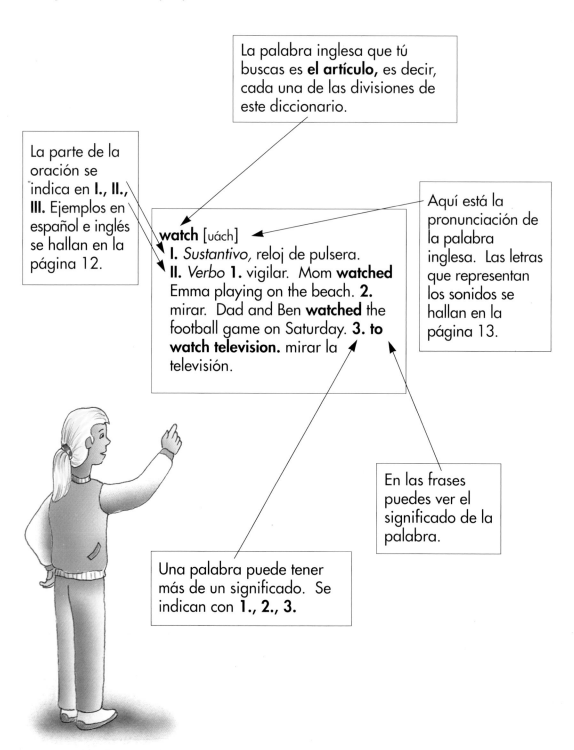

La palabra inglesa que tú buscas es **el artículo,** es decir, cada una de las divisiones de este diccionario.

La parte de la oración se indica en **I., II., III.** Ejemplos en español e inglés se hallan en la página 12.

Aquí está la pronunciación de la palabra inglesa. Las letras que representan los sonidos se hallan en la página 13.

watch [uách]
I. *Sustantivo,* reloj de pulsera.
II. *Verbo* **1.** vigilar. Mom **watched** Emma playing on the beach. **2.** mirar. Dad and Ben **watched** the football game on Saturday. **3. to watch television.** mirar la televisión.

En las frases puedes ver el significado de la palabra.

Una palabra puede tener más de un significado. Se indican con **1., 2., 3.**

Debes prestar atención a ciertas palabras inglesas:

1. Verbos que tienen formas irregulares
en el pasado; por ejemplo:

speak, spoke, has spoken [spík, spóuk,
jaz spóken]
Verbo, hablar. Mom **spoke** to Mrs.
Brown, the neighbor.

Los verbos irregulares se
hallan también en otro
artículo.

spoke, spoken [spóuk, spóken]
Ver **speak.** Mom **spoke** to the
doctor about Emma's cold.

2. Sustantivos que tienen formas
irregulares en el plural; por ejemplo:

mouse, mice [máus, máis]
Sustantivo, ratón, ratones.

Los sustantivos irregulares se
hallan también en otro artículo.

mice [máis]
Plural de **mouse** ratones.

11

La Oración en Español

Parte de la Oración	Ejemplo en Inglés	Traducción al Español
Sustantivo	Cow. Shirt.	Vaca. Camisa.
Adjetivo	Cold. Blond.	Frío, Fría, Fríos, Frías. Rubio, Rubia, Rubios, Rubias.
Verbo	Sing. Run.	Cantar. Correr.
Adverbio	Fast. Carefully.	Rápidamente. Cuidadosamente.
Artículo	The. A.	El, la, lo, los, las. Un, una, unos, unas.
Preposición	On. In. Behind.	Sobre, encima. En, dentro de. Detrás, atrás.
Pronombre	He. She. It.	El. Ella. Ello.
Conjunción	And. But. Or.	Y. Pero. O.
Interjección	Hello! Happy Birthday!	¡Hola! ¡Feliz Cumpleaños!
Verbo Auxiliar	Be. Have.	Ser. Haber.

Guía para la Pronunciación

Los que tenemos la suerte de hablar el español sabemos que cada letra tiene un solo sonido, sin importar su posición entre las otras letras que forman una palabra. Es así que la "a" en *aro, ora, hora* y *ahora* siempre se pronuncia de la misma manera. Hay excepciones, pero éstas son escasas y no afectarán a nuestra guía para la pronunciación de palabras inglesas.

Como ejemplo, la pronunciación de "mouse" está indicada como "máus." Cada una de las cuatro letras, m-a-u-s, sólo puede pronunciarse de una manera, así que ahí no tenemos problema alguno. Queda entonces por aclarar dónde hay que acentuar esta palabra. Para eso usamos la rayita o tilde* sobre la vocal que debe pronunciarse más fuerte ("á" en "máus").

Finalmente, hay que resolver la pronunciación de sonidos que *no existen* en español. Estos son:

- El sonido "th" que aparece en palabras como "leather" y "this." El símbolo que usamos en la pronunciación es "th." Cuando veas este símbolo, pronuncia una "z" ceceante, como en "Zaragoza."
- El sonido "sh" que aparece en palabras como "shelf" o "cash." El símbolo que usamos en la pronunciación es "sh." Cuando veas este símbolo, pronuncia una "ch" sumamente lenta y arrastrada.
- El sonido "h" que aparece en palabras como "home" y "had." En español la "h" es muda. En inglés su pronunciación requiere el uso de nuestra "j." Por ejemplo, "ham" y "he" se pronuncian "jam" y "ji."
- El sonido "g" y "j" que aparece en palabras como "germ" y "June." El símbolo que usamos en la pronunciación es "dj." Cuando veas este símbolo, recuerda palabras en inglés que ya conoces, como "jet" o "John" y pronúncialo de igual manera.

*Tratándose de pronunciación de palabras inglesas, el uso de la tilde no obedece a ninguna regla de gramática española.

a, an

a, an [a, an]
Artículo, un, una.
"Do you want **a** banana or **an** apple?" Mom asked Ben.

able [éybl]
Adjetivo, capaz.
Muffin **is able to** reach the sausages if he jumps up.

about [abáut]
I. *Adverbio*, casi. Grandad is **about** sixty years old. **II.** *Adjetivo*, estar activo. He is moving **about.**
III. *Preposición*, de. Cathy is asking Kirsty **about** her boyfriend.

above [abóv]
I. *Adverbio*, arriba. The view from **above** was great.
II. *Preposición*, sobre. Ben has hung a picture **above** his desk.

absent [ábsent]
Adjetivo, ausente.

accept [aksépt]
Verbo, aceptar. Mom **accepted** Cathy's offer of help.

accident [áksident]
Sustantivo **1.** accidente. The ambulance drove quickly to the **accident. 2. by accident** por accidente. "I only spilled the milk **by accident,** Mom!" said Ben.

across [akrós]
Preposición, a través de. Do not walk **across** the road when lights are red.

actor, actress [áktor, áktres]
Sustantivo, actor, actriz.

add [ad]
Verbo, añadir. Can you **add up** thirty-seven and twenty-five?

address [ádres]
Sustantivo, dirección.

admit [admít]
Verbo, admitir. Ben **admitted** that he had broken the plate.

adventure [advéncher]
Sustantivo, aventura.

advertisement [advertáizment]
Sustantivo **1.** anuncio. Do you watch TV **advertisements?**
2. aviso.

advise [adváiz]
Verbo, avisar. The doctor **advised** the patient to stay in bed.

airplane [érpleyn]
Sustantivo, avión. The children watched Uncle Bill's **airplane** arrive at the airport.

afford [afórd]
Verbo, poder comprar. "We cannot **afford** a new car," said Dad.

afraid [afréyd]
Adjetivo **1.** tener miedo. Kirsty **is afraid of** spiders. **2.** desafortunadamente. "**I am afraid** Ben cannot come out, he is not well."

Africa [áfrika]
Sustantivo, Africa.

African [áfrikan]
I. *Sustantivo*, africano, africana.
II. *Adjetivo*, africano, africana.

after [áfter]
I. *Preposición*, después (de). Ben and Sam often play football **after** school.
II. *Conjunción*, después (de). "You can go out and play **after** you have done your homework."

afternoon [afternún]
Sustantivo **1.** tarde. Emma sleeps in the **afternoon. 2. Good afternoon!** ¡Buenas tardes!

afterwards [áfteruords]
Adverbio, después. "Do your homework first, please — you can take Muffin to the park **afterwards**," said Mom.

again [agén]
Adverbio, otra vez. Ben is late **again!**

against [agénst]
Preposición, contra. The ladder is leaning **against** the tree.

age [eydj]
Sustantivo, edad. Sam is the same **age** as Ben.

ago [agó]
Adverbio, hace. Dad left the house five minutes **ago.**

agree [agrí]
Verbo **1.** consentir. Ben **agreed** to help Dad wash the car.
2. estar de acuerdo. Ben and Cathy could not **agree with** each other about what to do next.

aim [éym]
Verbo, apuntar. Cathy **aimed** a snowball **at** her Dad.

air [éar]
Sustantivo, aire.

airport [érport]
Sustantivo, aeropuerto. Dad and Ben met Uncle Bill at the **airport.**

alarm clock [alárm klok]
Sustantivo, despertador.

album [álbum]
Sustantivo, álbum.

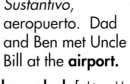

alive [aláyv]
Adjetivo, vivo, viva. Dad's grandmother is still **alive.**

all [ol]
I. *Adjetivo* **1.** todo, todos. **All** the windows are open.
2. at all de ninguna manera. "Are you tired?" — "No, not **at all.**"
II. *Adverbio*, completamente. It snowed **all** day long.

allow [aláu]
Verbo **1.** permitir. Grandad **allowed** us to watch the film. **2. to be allowed** ser permitido. Cathy **is allowed** to go to the movies with Kirsty.

all right [ol ráyt]
Adjetivo, bien. "You do not look well, are you **all right?**" asked Mom. "Will you take Muffin for a walk?" asked Dad. — "**All right.**" replied Ben.

almost [ólmost]
Adverbio, casi. Kirsty is **almost** as old as Cathy.

alone [alóun]
Adjetivo, solo. Muffin was left **alone** when everyone went to church.

15

along [alóng]
Preposición, por. Ben and Cathy are walking **along** the beach.

alphabet [álfabet]
Sustantivo, alfabeto.

already [olrédi]
Adverbio, ya. Kirsty has **already** finished her homework.

also [ólso]
Adverbio, también. Cathy likes riding, and she **also** likes ballet.

although [olthó]
Conjunción, aunque. **Although** it was raining, Ben took Muffin for a walk.

altogether [oltugéther]
Adverbio, completamente. Ben had forgotten **altogether** about homework.

always [ólweyz]
Adverbio, siempre. Sam **always** takes the bus to school.

am [am]
Ver be. **I am,** yo soy. **I am** ten years old.

ambulance [ámbyulens]
Sustantivo, ambulancia.

America [amérika]
Sustantivo, América.

American [amérikan]
I. *Sustantivo*, americano, americana.
II. *Adjetivo*, americano, americana. Mom and Dad are **Americans.**

among [amóng]
Preposición, entre. Mom divided the cake **among** the family.

amount [amáunt]
Sustantivo, cantidad. Sam likes to eat large **amounts** of ice cream.

amuse [amiúz]
Verbo, divertirse. The children **amused** themselves in the garden.

an [an]
Artículo, un, una. **An** elephant is **an** animal.

anchor [ánkor]
Sustantivo, ancla.

and [and]
Conjunción, y.

angel [éyndgel]
Sustantivo, ángel.

angry [éyngri]
Adjetivo, enojado. Cathy is **angry** because Ben has broken her record.

animal [ánimal]
Sustantivo, animal.

ankle [eynkl]
Sustantivo, tobillo.

another [anáther]
I. *Adjetivo*, otro, otra, otros, otras. "Have **another** biscuit," said Granny.
II. *Pronombre*, otro, otra, otros, otras. Ben has broken his pencil, so he is using **another** one.

answer [ánser]
I. *Verbo*, responder, contestar. When asked if he had broken the plate, Ben did not **answer.**
II. *Sustantivo*, respuesta. Cathy wrote the **answer** to the question in her exercise book.

ant [ant]
Sustantivo, hormiga.

any [éni]
Adjetivo **1.** cualquier, cualquiera.
"Choose **any** sweet you like." **2.** otros.
"Do you have **any more** questions?"
the teacher asked the pupils. **3. any time** cualquier momento.

anybody, anyone [énibadi, éniuan]
Pronombre **1.** alguien. "Has **anybody**
seen Muffin's leash?" asked Ben.
2. cualquier, cualquiera. **Anyone**
can learn to use a computer.

anything [énithing]
Pronombre **1.** cualquier cosa.
"Choose **anything** you like." **2.** algo.
Sam likes to eat almost **anything!**

anywhere [éniuer]
Adverbio **1.** dondequiera. "Are you
going **anywhere** for the holidays?"
asked Sam. **2.** cualquier parte. "You
can play **anywhere**, except on the
road," scolded Mom.

apart [apárt]
Adverbio. Usado con
verbo "to take,"
desmontar. Ben took
his bicycle **apart.**

appear [apír]
Verbo **1.** aparecer.
Muffin **appeared** from behind the
tree with a bone. **2.** parecer.
"Grandad **appears** to be reading
but I think he is really asleep!"
whispered Ben.

apple [apl]
Sustantivo, manzana.

April [éypril]
Sustantivo, abril.

aquarium [akuérium]
Sustantivo,
acuario.

are [ar]
Ver **be. you are 1.** tú eres, usted es.
2. ustedes son. **we are** nosotros somos.

area [éria]
Sustantivo, área, región. The **area**
where the Bridges live is quiet.

argue [árgiu]
Verbo, discutir. The children are
arguing about who will have the last
biscuit.

arm [arm]
Sustantivo, brazo.

armchair [ármcher]
Sustantivo,
sillón.

army [ármi]
Sustantivo, ejército.

around [aráund]
I. Preposición,
alrededor de.
Muffin chased
Granny **around**
the tree. **II.** Adverbio, cerca. Cathy
is going swimming with some friends
at **around** five o'clock.

arrest [arést]
Verbo, arrestar. The police have
arrested the burglar for stealing the
jewels.

arrive [aráyv]
Verbo, llegar. The train **arrived** ten
minutes late.

arrow [árou]
Sustantivo, flecha.

art [art]
Sustantivo, arte.

artist [ártist]
Sustantivo, artista.

as [az]
I. *Conjunción*, mientras. An apple fell on Ben's head **as** he walked under the tree.
II. *Adverbio* **1.** como. Please place the dishes on the table **as** I have told you to.
2. as...as, tan...como. Sam is **as** tall **as** Ben.
3. as well, también. The thieves took the TV and the video recorder **as well.**

ashamed [ashéymd]
Adjetivo, **to be ashamed** estar avergonzado. Ben **was ashamed of** falling asleep during the lesson. "You should **be ashamed of** yourself!"

Asia [éyzia]
Sustantivo, Asia.

Asian [éyzien]
I. *Sustantivo,* asiático, asiática.
II. *Adjetivo,* asiático, asiática.

ask [ask]
Verbo **1.** preguntar. Cathy **asked** Dad if she could go to the cinema with Kirsty. **2.** invitar. Cathy has **asked** ten friends to her birthday party on Saturday. **3.** pedir. Cathy **asked for** another piece of toast.

asleep [aslíp]
Adjetivo **1. to be asleep** estar dormido. Silky **is asleep** in front of the fire.
2. to fall asleep caer dormido. Ben **fell asleep** during the math lesson.

astronaut [ástronat]
Sustantivo, astronauta.

at [at]
Preposición **1.** a. Ben waited **at** the corner for the school bus. **2.** a (tiempo).

He went to visit Ben **at** midnight.
3. a (precio). Granny bought these apples **at** the supermarket.
4. al. Mom and Dad wake up **at** the slightest noise. **5.** en, con (con el verbo "to be.") Dad is **at** work.

ate [eyt]
Ver **eat.** Sam **ate** five slices of toast and marmalade for breakfast.

attack [aták]
I. *Verbo,* atacar. Muffin **attacked** the burglar who tried to steal the TV.
II. *Sustantivo,* ataque.

audience [ódiens]
Sustantivo, oyentes. There was a large **audience** at the school play last night.

August [ógest]
Sustantivo, agosto.

aunt [ant]
Sustantivo, tía.

Australia [ostrélia]
Sustantivo, Australia.

Australian [ostrélian]
I. *Sustantivo,* australiano, australiana.
II. *Adjetivo,* australiano, australiana.

Austria [óstria]
Sustantivo, Austria.

Austrian [óstrien]
I. *Sustantivo,* austríaco, austríaca.
II. *Adjetivo,* austríaco, austríaca.

autumn [ótom]
Sustantivo, otoño.

awake [auéyk]
Adjetivo, despierto. Ben was finding it hard to stay **awake** during the lesson.

away [auéy]
Adverbio, fuera. "Go **away**! The sausages are not for you, Muffin," shouted Mom.

awful [óful]
Adjetivo, horrible. Dad has got an **awful** cold.

baby [béybi]
Sustantivo, bebé. Aunt Sarah has got a new **baby**.

back
[bak]
I. *Sustantivo* 1. espalda. Dad's **back** hurts now, after all that digging.
2. reverso. "Write your address on the **back** of the envelope."
II. *Adverbio* 1. atrás, hacia atrás. "Go **back** home, Muffin!" said Ben.
2. regresar. "**Come back** tomorrow," said Granny and went **back** into the house.

backwards [bákuerds]
Adverbio, hacia atrás. Ben fell **backwards** into the river.

bacon [béykon]
Sustantivo, tocino. Sam had **bacon** and eggs for breakfast.

bad, worse, worst [bad, uers, uerst]
Adjetivo 1. malo, peor, el peor.

Relativo a calidad:
Ben does not like taking Muffin for a walk in **bad** weather.
2. Relativo a enfermedad:
Granny has a **bad** cold, Ben has a **worse** cold, but Dad has the **worst** cold.

badge [badj]
Sustantivo, emblema. Emma's favorite **badge** is the one with the bear on it.

bag [bag]
Sustantivo 1. bolso. Mom put the keys in her **bag**.
2. saco. Cathy put the grapes in a **bag**.

bake [beyk]
Verbo, cocer en horno. Mom is **baking** a cake.

baker [béyker]
Sustantivo 1. panadero, panadera.
2. **baker's,** panadería. There was a long line for bread at the **baker's.**

balcony [bálconi]
Sustantivo, balcón. The Queen came out onto the **balcony** and waved at the crowd below.

ball [bol]
Sustantivo, pelota.

ballet [balé]
Sustantivo, ballet. Granny takes Cathy to her **ballet** classes.

balloon [balún]
Sustantivo, balón. Dad is blowing up **balloons** for Emma.

banana [banána]
Sustantivo,
plátano.

bandage [bándadj]
Sustantivo, venda.
Dad put a **bandage**
around his finger to
stop it bleeding.

bank [bank]
Sustantivo **1.** orilla. Muffin ran
along the **bank** of the river.
2. banco. Dad is going to the **bank**
to get some money.

banknote [bánknout]
Sustantivo, billete de banco.

bar [bar]
Sustantivo **1.** pedazo. Sam has a
bar of chocolate. **2.** barra. The
burglars used an iron **bar** to open
the door. **3.** taberna. Dad had a
glass of beer at the **bar.**

bark [bark]
Verbo, ladrar. Muffin **barks** very
loudly.

barn [barn]
Sustantivo, granero.

basin [béysen]
Sustantivo, palangana.

basket [básket]
Sustantivo, cesta.

bat [bat]
Sustantivo **1.** bate. Cathy has lost
her baseball **bat.**
2. murciélago.

bathtub [báthtab]
Sustantivo
1. bañera.
**2. to take a
bath,** bañarse.

bathroom [báthrum]
Sustantivo, cuarto de baño.

battery [báteri]
Sustantivo **1.** pila **2.** batería.

be, was, has been [bi, uaz, jaz ben]
Verbo **1.** ser. Cathy **is** a very good
girl. **2. how are you?** ¿Cómo está
usted? **3.** costar. How much **is** that?
4. estar. Cathy wants to **be** close to
her Dad.

beach [bich]
Sustantivo, playa.
The children like
playing on the
beach.

beak [bik]
Sustantivo, pico.

bean [bin]
Sustantivo, habichuela.

bear [béar]
Sustantivo, oso.

beard [bird]
Sustantivo, barba. Dad has a **beard.**

beat, beat, has beaten
[bit, bit, jaz bíten]
Verbo, vencer. Will England
beat Germany in tonight's football
match?

beautiful [biútiful]
Adjetivo, hermoso. Rainbows are
very **beautiful.**

beauty [biúti]
Sustantivo, belleza.

because [bikóz]
Conjunción, porque. Sam is not going
to school today **because** he is ill.

bed [bed]
Sustantivo, cama.
Ben often forgets
to make his **bed.**

bedroom [bédrum]
Sustantivo, alcoba, dormitorio. Ben's
bedroom is always in a mess.

bee [bi]
Sustantivo, abeja.
Muffin has been
stung by a **bee.**

beef [bif]
Sustantivo, carne de res.

been [bin]
Ver **be.** Granny **has been** into town
this afternoon.

beer [bir]
Sustantivo, cerveza.

beetle [bitl]
Sustantivo,
escarabajo.

before [bifór]
I. Preposición, antes de. Ben arrived
at the cinema **before** Sam.
II. Conjunción, antes de. The children
must finish their homework **before**
they go outside.
III. Adverbio **1.** anterior. Uncle Bill
left yesterday and Aunt Sarah left the
day **before. 2.** antes. "Why didn't
you say so **before?**"

beg [beg]
Verbo, pedir limosna. There are
people **begging** for food or money
on the streets of most big cities.

began [bigán]
Ver **begin.**

beggar [béger]
Sustantivo, limosnero.

begin, began, has begun
[bigín, bigán, jaz bigón]
Verbo, empezar. Cathy wants to watch
the film that **begins** at eight o'clock.

beginning [bigíning]
Sustantivo, principio. Mom goes
shopping at the **beginning** of the
week.

begun [bigán]
Ver **begin.**

behave [bijéyv]
Verbo, comportarse. "**Behave**
yourselves! You're not in a zoo!"
scolded Grandad.

behind [bijáynd]
Preposición, detrás de.
Emma is hiding
behind the tree.

Belgian [Béldjian]
I. Sustantivo, belga.
II. Adjetivo, belga.

Belgium [Béldjium]
Sustantivo, Bélgica.

believe [bilív]
Verbo, creer. Do you **believe** in
ghosts?

bell [bel]
Sustantivo **1.** timbre.
When the **bell** rang,
the children ran out
of the classroom.
2. campana.
The church **bells** rang
loudly on Sunday morning.

belong to [bilóng tu]
Verbo, pertenecer a. That book
belongs to Ben.

below [biló]
I. Preposición, debajo de. The plane
flew **below** the clouds.
II. Adverbio, abajo. Ben and Sam
looked down on the rocks **below.**

belt [belt]
Sustantivo, cinturón.

bench [bench]
Sustantivo, banco.
Ben and Sam sat
on the **bench** in the
park and ate their
sandwiches.

bend, bent, has bent
[bend, bent, jaz bent]
I. Verbo 1. doblar. The road **bends**
to the left. 2. torcer. Ben **bent** the twig
until it broke. 3. agacharse. Cathy
bent down to pick up the pencil.
II. Sustantivo, curva. The **bend** in the
road was hard to see.

berry [béri]
Sustantivo,
baya.

beside [bisáyd]
Preposición 1. al lado de. Grandad
sits **beside** Ben at the table. 2. junto a.
The tree is growing **beside** the river.

best [best]
I. Adjetivo, el, la mejor.
Dad is not the **best** tennis player in
the world.
II. Adverbio, lo mejor. She did **best**
of all on the test.
III. Sustantivo, el, la, lo mejor. Cathy
is the **best** in the class in history.
IV. Verbo, vencer a. When Ben and
Sam were learning to play chess,
Sam always **bested** Ben.

bet, bet, has bet [bet, bet, jaz bet]
Verbo, apostar. "I **bet** I can run
faster than you!" shouted Ben.

better [béter]
I. Adjetivo, mejor. Mom knows she
is a **better** cook than Dad.
II. Adverbio, mejor. Mom plays the
piano **better** than Cathy.

between [bituín]
Preposición 1. en medio.
Cathy sits **between**
Mom and Dad
at the table. 2. entre.
Mom divided the
cake **between**
the three children.

bicycle [báysikl]
Sustantivo,
bicicleta.

big [big]
Adjetivo, grande. Muffin has grown
too **big** for his basket.

bill [bil]
Sustantivo, cuenta.

bin [bin]
Sustantivo, depósito.
Please put your garbage
in the **bin.**

binoculars [binákiulers]
Sustantivo, anteojos de larga vista.

bird [berd]
Sustantivo, pájaro.

birthday [bérthdey]
Sustantivo, cumpleaños. It is Cathy's
birthday today — **Happy Birthday!**

biscuit [bísket]
Sustantivo, galleta.
Sam ate too many
biscuits and now he
feels ill.

bit [bit]
I. Sustantivo 1. trozo. Muffin stole a
bit of the pizza when nobody was
looking. 2. poquito. Ben is a **bit**
taller than Sam.
II. Ver **bite.** The camel **bit** the zoo
keeper's bottom yesterday.

bite, bit, has bitten [bait, bit, jaz biten]
Verbo, morder. The mailman thinks Muffin is trying to **bite** him.

black [blak]
Adjetivo, negro.

blackberry [blákberi]
Sustantivo, zarzamora.

blackboard [blákbord]
Sustantivo, pizarra. The teacher is writing on the **blackboard.**

blame [bléym]
Verbo, acusar. Mom **blamed** Ben for letting Muffin into the house with dirty paws.

blanket [blánket]
Sustantivo, manta.

bleed, bled, has bled [blid, bled, jaz bled]
Verbo, sangrar. Dad's finger is **bleeding** because he cut it.

blew [blu]
Ver **blow.** The wind was so strong it **blew** the tree down.

blind [blaynd]
Adjetivo, ciego. The children helped the **blind** man cross the road.

block [blok]
Sustantivo, manzana (edificios).

blood [blod]
Sustantivo, sangre.

blouse [bláus]
Sustantivo, blusa.

blow, blew, has blown [blou, blu, jaz bloun]
Verbo, soplar. The wind has **blown** Grandad's hat away.

blue [blu]
Adjetivo, azul.

boast [bóust]
Verbo, jactarse. Nobody likes the new girl in the class, she is always **boasting** about her new clothes.

boat [bóut]
Sustantivo, bote.

body [bádi]
Sustantivo, cuerpo.

boil [boyl]
Verbo, hervir. Granny is **boiling** some water for the tea.

bone [boun]
Sustantivo, hueso. Muffin is burying a **bone** in the garden.

book [buk]
Sustantivo, libro.

boot [but]
Sustantivo, bota. Cathy has a new pair of **boots.**

born [born]
Verbo, **to be born,** nacer. Ben was **born** in August.

borrow [bárrou]
Verbo, tomar prestado. Ben has **borrowed** five books from the library.

boss [bos]
Sustantivo, patrón.

both [both]
I. *Adjetivo*, ambos. **Both** boys are taking Muffin for a walk.

B bottle

II. *Pronombre, ambos.* They are **both** tired from walking such a long way.

bottle [botl]
Sustantivo, botella.

bottom [bátom]
Sustantivo **1.** fondo. Ben has found something strange **at** the **bottom** of his glass. **2.** trasero. Dad slipped on the ice and fell on his **bottom.**

bought [bot]
Ver **buy.** Sam **bought** the magazine with his pocket money.

bounce [báuns]
Verbo **1.** rebotar. The ball **bounced** out of the garden and across the street. **2.** brincar. Emma loves to **bounce** up and down on her bed.

bow [bou]
Sustantivo **1.** lazo. Mom tied a **bow** in Emma's hair.

2. arco. Ben is playing with his **bow** and arrows.

bowl [boul]
Sustantivo, escudilla.

box [baks]
Sustantivo **1.** caja. Dad has a **box** full of tools in the garage. **2.** cajón, arca.

boxer [bákser]
Sustantivo, boxeador.

boy [boi]
Sustantivo, niño.

boyfriend [boifrend]
Sustantivo, novio, amigo. Kirsty's **boyfriend** is John.

branch [branch]
Sustantivo, rama.

brave [bréyv]
Adjetivo, bravo.

bread [bred]
Sustantivo, pan. Mom is cutting a loaf of **bread** into slices.

break, broke, has broken
[breyk, brouk, jaz bróken]
I. *Verbo,* romper. The glass **broke** into lots of little pieces.
II. *Sustantivo,* descanso. The pupils have a drink and something to eat during **break.** Grandad is taking a **break** from gardening and is sitting down with a cup of tea.

breakfast [brékfast]
Sustantivo, desayuno. "Get up now or you will not have time to eat **breakfast!**" Mom told Ben.

breathe [brith]
Verbo, respirar. "It is too hot in here, I cannot **breathe,**" said Granny.

brick [brik]
Sustantivo **1.** ladrillo. The house is made of **bricks.**
2. bloque. Emma is building a tower with her **bricks.**

bride [brayd]
Sustantivo, novia.

bridegroom [bráydgrum]
Sustantivo, novio.

bridge [bridʒ]
Sustantivo, puente.
Ben and Sam dropped
sticks into the stream
from the **bridge.**

bright [bráyt]
Adjetivo, brillante. The sun is so
bright today that everybody needs
sunglasses.

bring, brought, has brought
[bring, brot, jaz brot]
Verbo, traer. Ben **is bringing** Sam
with him to the party.

Britain [brítn]
Sustantivo, Bretaña.

British [brítish]
Adjetivo 1. británico. **2. He is British**
él es británico.

broke, broken [brok, bróken]
Ver **break.** Ben **broke** his pencil.

broken [bróken]
Adjetivo, roto. Cathy dropped her
watch and now it is **broken.**

broom [brum]
Sustantivo,
escoba.

brother [bráther]
Sustantivo, hermano.

brought [brot]
Ver **bring.** Mom **brought** the children
to visit Grandad in the hospital.

brown [braun]
Adjetivo, marrón.

brush [brash]
I. Sustantivo
1. escobilla.
Cathy uses a
brush to clean Silky.

2. brocha.
Dad is painting
the garage door
with a large **brush.**

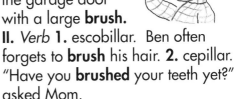

II. Verb 1. escobillar. Ben often
forgets to **brush** his hair. 2. cepillar.
"Have you **brushed** your teeth yet?"
asked Mom.

bubble [bóbl]
Sustantivo, burbuja. Ben is blowing
bubbles in the bath.

bucket [báket]
Sustantivo, balde.

budgerigar, budgie [bádjrigar, bádji]
Sustantivo,
loro, papagayo.
Granny has a
budgie called Florrie.

build, built, has built [bild, bilt, jaz bilt]
Verbo, construir. Emma is **building** a
tower with her blocks.

building [bílding]
Sustantivo, edificio.

built [bilt]
Ver **build.**

bulldozer [buldóuzer]
Sustantivo, motoniveladora.

bump [bamp]
I. Sustantivo, chichón.
Ben got a **bump**
on the head.
II. Verbo 1. chocar. Ben **bumped**
into the tree. 2. encontrarse con.
Mom **bumped into** Mrs. Brown at the
post office.

bun [ban]
Sustantivo, bollo.

bunch [banch]
Sustantivo, manojo.
The children gave
Mom a **bunch** of
flowers on her
birthday.

burglar [bérgler]
Sustantivo,
ladrón.

burn, burnt, has burnt
[bern, bernt, jaz bernt]
Verbo **1.** incendiar. The firemen
arrived at the house just as the
roof started to **burn. 2.** quemar.
Grandad **burnt** his fingers trying to
light the fire. **3.** consumir. Dad **burnt**
the sausages so he had to give them
to Muffin.

burst, burst, has burst
[berst, berst, jaz berst]
Verbo, reventar. Ben blew up the
balloon until it **burst.**

bury [béri]
Verbo **1.** sepultar. Cathy **buried** the
dead mouse under the roses in the
garden. **2.** enterrar. Muffin is
burying a bone in the garden.

bus [bas]
Sustantivo,
autobús.

bush [bush]
Sustantivo,
zarza.

busy [bízi]
Adjetivo, ocupado. Dad was too
busy to notice Ben behind him.

but [bat]
Conjunción, pero. Cathy goes to
ballet **but** Ben does not.

butcher [búcher]
Sustantivo **1.** carnicero, carnicera.
The **butcher** sometimes gives Muffin
a bone. **2. butcher's,** carnicería.
Mom bought some beef and
sausages **at** the **butcher's.**

butter [báter]
Sustantivo,
mantequilla.

butterfly [báterflay]
Sustantivo,
mariposa.

button [bátn]
Sustantivo, botón.
Ben has lost a
button from his
coat.

buy, bought, has bought
[bay, bot, jaz bot]
Verbo, comprar. Dad is **buying**
another screwdriver as he has already
lost the one he **bought** last week!

by [bay]
I. Preposición
1. cerca de.
Granny is sitting **by**
the window. **2.** para.
The homework must
be done **by** Thursday. **3.** en. Cathy
and Ben go to school **by** bus.
4. por. Ben was stung **by** a bee.
This piece of music is **by** Mozart.
5. by the way. a propósito. "**By the
way,** did you remember to water the
roses yesterday?" asked Grandad.
6. a. Mom likes to walk in the
garden **by** moonlight.

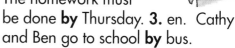

bye [bay]
Interjección, adiós.

café [kafé]
Sustantivo, café.

cage [keydj]
Sustantivo,
jaula.

cake [keyk]
Sustantivo, bizcocho.
Mom has baked
a **cake** for
Cathy's birthday.

calculator [kálkuleyter]
Sustantivo,
calculador.

calendar [kálendar]
Sustantivo,
calendario.

calf, calves [kaf, kafs]
Sustantivo, ternero,
terneros.
The cow and her
calf followed the
farmer into the field.

call [kol]
Verbo **1.** llamar. Mom is **calling** the
children from the window. **2.** llamarse.
The family dog is **called** Muffin.

calves [kafs]
Plural de **calf,** terneros.

came [keym]
Ver **come.** Dad **came** home very late
from work.

camel [kámel]
Sustantivo,
camello.

camera [kámera]
Sustantivo, cámara
fotográfica.

camp [kamp]
Verbo, acampar. Ben and Sam are
camping in the garden.

campfire [kámpfayer]
Sustantivo, fuego de campamento.
Ben and Cathy are collecting wood
for the **campfire.**

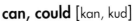

campsite [kámpsayt]
Sustantivo,
campamento.

can, could [kan, kud]
I. *Verbo* **1.** ser capaz. Cats **can** climb
trees, but dogs **cannot. 2.** poder.
"**Can** we go to the park after lunch,
Mom?" asked Cathy.
II. *Sustantivo*, lata. Sam is drinking
from a **can** of lemonade.

Canada [kánada]
Sustantivo, Canadá.

Canadian [kanédian]
I. *Sustantivo*, canadiense.
II. *Adjetivo*, canadiense. My friend
John is **Canadian.**

candle [kandl]
Sustantivo, vela.
Cathy is blowing
out the **candles**
on her cake.

canoe [kanú]
Sustantivo, canoa.

cap [kap]
Sustantivo, gorro.

C

captain [kápten]
Sustantivo, capitán. Ben sometimes dreams of being the **captain** of a big ship.

car [kar]
Sustantivo, automóvil. Ben is helping Dad wash the **car**.

card [kard]
Sustantivo, tarjeta. Cathy already got lots of birthday **cards**.

cardigan [kárdigan]
Sustantivo, camiseta de lana.

care [ker]
I. *Sustantivo*, cuidado, atención. Love and **care** will be needed to improve Muffin's mood.
II. *Verbo*, preocuparse. Ben does not **care** if he leaves his room in a mess.

careful [kérful]
Adjetivo, cuidadoso. "Be **careful** if you go climbing trees," Dad advised Ben and Sam.

careless [kérles]
Adjetivo, descuidado. Somebody has been **careless** and left the gate open.

car park [kar park]
Sust. parque de estacionamiento.

carpet [kárpet]
Sustantivo, alfombra. Silky is lying on the **carpet** in front of the fire.

carrot [kárrot]
Sustantivo, zanahoria.

carry [kéri]
Verbo, llevar. Cathy is helping Mom **carry** the bags.

carton [kárton]
Sustantivo, envase de cartón. Muffin has knocked the **carton** of milk onto the floor.

cartoon [kartún]
Sustantivo, dibujo animado.

cassette [kasét]
Sustantivo, casete.

cassette player [kasét pléyer]
Sustantivo, casetera.

castle [kásel]
Sustantivo, castillo. The queen lives in a big **castle**.

cat [kat]
Sustantivo, gato. Silky is the family **cat**.

catch, caught, has caught
[kach, kot, jaz kot]
Verbo 1. cazar. Silky **has caught** a mouse. 2. agarrar. The teacher **caught** two pupils smoking in the bathroom. 3. tomar. Granny **caught** the ten o'clock bus into town. 4. **to catch a cold** agarrar un resfriado. Dad **has caught an** awful **cold**.

caterpillar [káterpiler]
Sustantivo, oruga.

caught [kot]
Ver **catch**. The police **have caught** the burglars.

cauliflower [káliflauer]
Sustantivo, coliflor.

cave [keyv]
Sustantivo, cueva. Cathy and Ben have found a **cave** in the rocks at the end of the beach.

ceiling [síling]
Sustantivo, cielo raso. If Emma sits on Dad's shoulders and reaches up she can just touch the **ceiling.**

cellar [séler]
Sustantivo, sótano.

cello [chélo]
Sustantivo, violoncelo.

center [sénter]
Sustantivo, centro. Mom took the bus to the **center** of town.

century [séntchuri]
Sustantivo, siglo.

certain [sérten]
Adjetivo, seguro. "Are you **certain** you switched off the lights?" asked Mom.

chain [cheyn]
Sustantivo, collar. Granny sometimes wears a gold **chain** around her neck.

chair [cher]
Sustantivo, silla.

chalk [chok]
Sustantivo, tiza. The teacher is writing on the blackboard with a piece of **chalk.**

chance [chans]
Sustantivo **1.** oportunidad. "Have you had a **chance** to speak to Ben about the mess in his room?" Mom asked Dad. **2. by chance** por casualidad. "Do you know **by chance** where I put my satchel, Mom?" asked Ben.

change [cheyndj]
Verbo **1.** cambiar (de lugar). Mom and Cathy **changed** places. **2.** cambiar (dinero). Dad **changed** some money at the bank. **3.** cambiar (de aspecto). Uncle Bill **has changed** since Ben last saw him. **4.** mudar (de ropa). Ben had to **change** his clothes after falling in the river. **5.** transbordar. To get to the stadium, you have to **change** in the town center.

chase [cheys]
Verbo, perseguir. Muffin is **chasing** the squirrel across the garden.

chat [chat]
Verbo, charlar. Mom is **chatting** with the neighbor over the fence.

cheap [chip]
Adjetivo, barato. Fruit is **cheap** at the market.

check [chek]
1. Verbo, examinar. **2.** Sustantivo, cheque. Dad wrote a **check.**

cheek [chik]
Sustantivo, mejilla.

cheeky [chíki]
Adjetivo, atrevido. The children are not really being naughty, just **cheeky.**

cheer [chir]
Verbo, alentar. Ben **cheered** when his team won the match.

cheerful [chírful]
Adjetivo, alegre. Ben is feeling very **cheerful** this morning; it is Sunday and he does not have to go to school.

cheese

cheese [chiz]
Sustantivo,
queso.

cheetah [chíta]
Sustantivo,
leopardo
cazador.

chemical [kémical]
I. *Sustantivo,* producto químico.
Factories release **chemicals** in the air.
II. *Adjetivo,* químico. John is studying
to become a **chemical** engineer.

cherish [chérish]
Verbo, querer, apreciar.

cherry [chérri]
Sustantivo,
cereza.

chest [chest]
Sustantivo, pecho. The doctor is
listening to Granny's **chest.**

chest of drawers [chest of drors]
Sustantivo,
cómoda.
Cathy keeps
her jumpers
in a **chest of
drawers** in her
room.

chestnut [chéstnat]
Sustantivo, castaña.

chew [chu]
Verbo, masticar.

chewing gum [chúing gam]
Sustantivo, chicle.

chick [chik]
Sustantivo,
pollito.

chicken [chíken]
Sustantivo, **1.** gallina. The **chickens**
are running round the farm.
2. pollo. **Chicken** and rice is one of
Sam's favorite meals.

child, children [chayld, chíldren]
Sustantivo, niño, niños. One crying
child is bad enough, but three
children crying at once is just too
much!

chimney [chímni]
Sustantivo,
chimenea.
Smoke was
coming out
of the factory
chimney in a
big cloud.

chimpanzee [chimpanzí]
Sustantivo,
chimpancé.

chin [chin]
Sustantivo, mentón.

China [cháyna]
Sustantivo, China.

Chinese [chaynís]
I. *Sustantivo,* chino, china.
II. *Adjetivo,* chino, china.

chips [chips]
Sustantivo,
papas fritas
(Inglaterra). En
E.U.A. **French fries.**

chocolate [chóklet]
Sustantivo, chocolate. Granny
sometimes buys Cathy and Ben a bar
of **chocolate.**

choir [kuáyer]
Sustantivo,
coro.

choose, chose, has chosen
[chuz, choz, jaz chózen]
Verbo **1.** elegir. Cathy **has chosen** a book about horses from the library.
2. escoger. "You can **choose** between strawberry ice cream and chocolate ice cream," said Mom.

chop [chop]
Sustantivo, chuleta.

chose, chosen [choz, chózen]
Ver **choose.**

Christmas [krísmas]
Sustantivo, Navidad. **Christmas Day** is the 25th of December.
Uncle Bill wished everyone **a Merry Christmas.**

Christmas tree [krísmas tri]
Sustantivo,
árbol de Navidad.

church [cherch]
Sustantivo, iglesia.
The family goes
to church on
Sundays.

cinema [sínema]
Sustantivo, cine.

circle [sérkel]
Sustantivo, círculo. Muffin ran around in a **circle** chasing his tail.

circus [sérkes]
Sustantivo,
circo.

city [síti]
Sustantivo, ciudad. Large **cities** are full of people and traffic.

clap [klap]
Verbo, aplaudir. The audience **clapped** at the end of the concert.

clarinet [klárinet]
Sustantivo, clarinete.

class [klas]
Sustantivo, clase. Cathy is one of the tallest girls in her **class.**

classroom [klásrum]
Sustantivo,
aula.

clean [klin]
I. *Adjetivo,* limpio. The car is very **clean** now that Dad has washed it.
II. *Verbo,* **1.** limpiar. Cathy is helping Mom **clean** the kitchen.
2. cepillar. Ben is **cleaning** his nails.

clear [klir]
I. *Adjetivo,* claro. "Is that **clear,** children?" asked the teacher.
II. *Verbo* **to clear up** asear.
Mom has told Ben to **clear up** his room.

clever [kléver]
Adjetivo, ingenioso.

climb [klaym]
Verbo, escalar.
Ben is **climbing**
up the tree
after Silky.

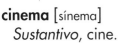

clock [klak]
Sustantivo,
reloj.
The station **clock**
showed ten to five.

close [klous]
Adjetivo, cerca. Kirsty can walk to school as it is very **close** to her house.

close

close [klouz]
Verbo, cerrar. Someone has forgotten to **close** the gate.

closed [klouzd]
Adjetivo, cerrado. "Grandad is watching TV with his eyes **closed!**" whispered Ben.

cloth [kloth]
Sustantivo, paño. Granny is using a **cloth** to wipe the table.

clothes [klouz]
Sustantivo, ropa.

cloud [klaud]
Sustantivo, nube.

cloudy [kláudi]
Adjetivo, nublado. It is very **cloudy** today.

clown [klaun]
Sustantivo, payaso.

club [klab]
Sustantivo, club. Mom has won a prize at the tennis **club.**

coach [kouch]
Sustantivo, instructor. The **coach** chose Ben and John for the football team.

coast [koust]
Sustantivo, costa.

coat [kóut]
Sustantivo, abrigo. Mom told the children to put their **coats** on if they went outside.

coat hanger [kout jánger]
Sustantivo, colgador. Grandad always hangs his coat on a **coat hanger.**

cock [kok]
Sustantivo, gallo.

coconut [kókanat]
Sustantivo, coco.

coffee [kófi]
Sustantivo, café. Dad only has a cup of **coffee** for breakfast.

coin [koin]
Sustantivo, moneda. Mom gave the children some **coins** for the bus.

cold [kould]
I. *Adjetivo*, frío.
II. *Sustantivo*, resfriado. Dad has got an awful **cold.**

collect [kolékt]
Verbo 1. recoger. Mom **collects** Emma from nursery school at twelve o'clock. 2. coleccionar. Ben **collects** badges.

collection [kolékshon]
Sustantivo, colección. Ben keeps his **collection** of badges in his bedroom.

color [kólor]
Sustantivo, color. Cathy's favorite **color** is purple.

comb [komb]
I. *Sustantivo*, peine.
II. *Verbo*, peinar. Cathy is **combing** her hair.

come, came, has come
[kom, keym, jaz kom]
Verbo, venir. Ben and Cathy **came**
home from school by bus.

comfortable [kómftabl]
Adjetivo, cómodo.

comic book [kámik buk]
Sustantivo, tebeo. Sam was too busy
reading a **comic book** to notice Ben
putting a worm in his pocket.

compare [kompér]
Verbo, comparar. The teacher asked
the class to **compare** the two leaves.

competition [kampetíshen]
Sustantivo, competencia.

complain [kompléyn]
Verbo, quejarse. Ben **complained**
that he had so much homework
to do.

computer [kompiúter]
Sustantivo,
computadora.

concert [kónsert]
Sustantivo, concierto. The whole
family went to the **concert.**

conductor [kondócter]
Sustantivo
1. director
de orquesta.
2. conductor,
cobrador.

cone [kóun]
Sustantivo,
cono.

container [kontéyner]
Sustantivo, envase.

continue [kontíniu]
Verbo **to continue doing something**
continuar haciendo algo. Grandad
continued working in the garden
although it had started to rain.

cook [kuk]
I. *Verbo*, cocinar. Dad is **cooking**
tonight.
II. *Sustantivo*,
cocinero,
cocinera.

cooker [kúker]
Sustantivo, olla.

cookie [kúki]
Sustantivo,
galleta.
I like to eat
chocolate **cookies.**

cool [kul]
Adjetivo, fresco. "Is the heating on?
It is a bit **cool** in here," said Granny.

copy [kópi]
I. *Sustantivo*, copia. The teacher
made **copies** of the exercise and
passed them around the class.
II. *Verbo* 1. copiar. 2. reproducir.
Ben sometimes **copies** Sam's
homework.

corner [kórner]
Sustantivo, esquina. Kirsty was
waiting for Cathy **at the corner.**

cornflakes [kórnfleyks]
Sustantivo,
cereal de maíz.

correct [korékt]
I. *Adjetivo*, correcto. For once, Ben
gave a **correct** answer to the
teacher's question.
II. *Verbo*, corregir. The teacher is
correcting her pupils' homework.

corridor [kórider]
Sustantivo, corredor.
"Do not run in
the **corridor!**"
shouted the teacher.

cost, cost, has cost [kost, kost, jaz kost]
Verbo, costar. "How much did the
comic book **cost?**" Ben asked Sam.

cough [kof]
I. Sustantivo, tos. Emma has a bad
cough.
II. Verbo, toser.

could [kud]
Ver **can.** Muffin **could** not quite
reach the sausages.

count [kaunt]
Verbo, contar. Emma is learning to
count.

country [kántri]
Sustantivo, país.

cousin [kázen]
Sustantivo, primo, prima.

cover [kóver]
Verbo, cubrir.
Mom **covered** Emma **up** so that she
would not get cold.

cow [kau]
Sustantivo,
vaca.

cowboy [káuboi]
Sustantivo, vaquero.

crab [krab]
Sustantivo, cangrejo.
Ben found a
crab on the
beach and
put it on Dad's
tummy.

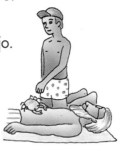

cradle [kréydel]
Sustantivo,
cuna.

crane [kreyn]
Sustantivo, grúa.

crash [krash]
Verbo **1.** chocar. The bus had
crashed and was lying on its side.
2. estrellarse. The plane **crashed**
into the sea.

crash helmet [krash jélmet]
Sustantivo, casco. You have to wear
a **crash helmet** on a motorbike.

crawl [krol]
Verbo, arrastrarse. Muffin watched
the beetle **crawl** across the grass.

crayon [kreyón]
Sustantivo,
gis, crayón.

cream [krim]
Sustantivo,
crema.

creep, crept, has crept
[krip, krept, jaz krept]
Verbo, gatear. Sam **crept** downstairs
in the middle of the night and ate all
the biscuits.

cricket [kríket]
Sustantivo, críquet.
Dad often takes
Ben to **cricket**
matches in the
summer.

crisp [krísp]
Adjectivo, crujiente, tostado.

crocodile [krókodail]
Sustantivo,
cocodrillo.

34

cross [kros]
I. *Sustantivo*, cruz. There is a **cross** on top of the church.
II. *Verbo*, cruzar. Look right and left before you **cross** the road.
III. *Adjetivo*, furioso. Mom sometimes gets **cross** with Ben for leaving his room in such a mess.

crow [krou]
Sustantivo, cuervo.

crowd [kraud]
Sustantivo, muchedumbre.

crowded [kráuded]
Adjetivo, atestado. The trains were **crowded** with people going home.

crown [kraun]
Sustantivo, corona.

cruel [krúel]
Adjetivo, cruel. Some people think it is **cruel** to keep animals in cages.

cry [kray]
Verbo 1. llorar. Emma is **crying** because she fell down and bumped her head. 2. gritar. Ben was **crying** for help from the top of the tree.

cucumber [kiukámber]
Sustantivo, pepino.

cup [kap]
Sustantivo, taza. "Do you want a **cup of** tea?" asked Granny.

cupboard [kábord]
Sustantivo, armario.

curious [kiúrias]
Adjetivo, curioso. Ben is a **curious** boy.

curly [kérli]
Adjetivo, rizado.

curtain [kérten]
Sustantivo, cortina. As it was getting dark, Mom closed the **curtains.**

cushion [kúshen]
Sustantivo, cojín. Granny needs an extra **cushion** in that big armchair.

cut, cut, has cut [kat, kat, jaz kat]
Verbo, cortar. Mom is **cutting** the cake into twelve pieces.

cycle [saycl]
Verbo, ir en bicicleta. Ben and Sam often **cycle** along by the river.

cylinder [sílender]
Sustantivo, cilindro.

cymbals [símbels]
Sustantivo, címbalos. You have to be careful not to hit your nose when playing the **cymbals.**

D

dad, daddy [dad, dádi]
Sustantivo, papi, papá.

daffodil [dáfodil]
Sustantivo, narciso.

daily [déyli]
Adverbio, diariamente. Milk is delivered to the house **daily.**

35

D

daisy

daisy [déyzi]
Sustantivo,
margarita.
Cathy is making
a **daisy** chain
for Emma.

dance [dans]
Verbo, bailar. Mom likes **dancing**
but Dad does not.

dancer [dánser]
Sustantivo, bailarín,
bailarina.

danger [déyndjer]
Sustantivo, peligro. The sign by the
river said: "**DANGER:** DEEP WATER."

dangerous [déyndjeros]
Adjetivo, peligroso. It is very
dangerous to cross the road without
looking.

Danish [déynish]
Adjetivo 1. danés. **2. he/she is
Danish** él es danés, ella es danesa.

dare [der]
Verbo 1. atreverse. Ben **dared** to
jump down from the branch.
2. desafiar. Ben **dared** Sam
to put the beetle down Cathy's neck.
3. how dare you! ¡Cómo te atreves!

dark [dark]
I. *Adjetivo,* oscuro. It was getting
dark so Mom switched the lights on.
II. *Sustantivo,* oscuridad.

darkness [dárknes]
Sustantivo,
oscuridad.

darling [dárling]
Sustantivo, querido, querida.

"Well done, **darling!**" said Mom
when Cathy got a good mark for her
homework.

date [deyt]
Sustantivo 1. fecha.
2. cita. Kirsty has got a **date** with
John.

daughter [dóter]
Sustantivo, hija.

day [dey]
Sustantivo, día. "What **day** of the
week is it?" asked Grandad.

dead [ded]
Adjetivo, muerto.

deaf [def]
Adjetivo, sordo. Grandad is
beginning to go a little **deaf.**

dear [díar]
I. *Adjetivo,* querido. Cathy is
starting a letter to her aunt with the
words: "**Dear** Aunt Sarah ..."
II. *Interjección,* **oh dear!** ¡ay! **Oh
dear!** Emma has fallen over again.

December [dicémber]
Sustantivo,
diciembre.

decide [disáid]
Verbo, decidir. Ben and Sam
decided to cycle down to the river.

decorate [dékoreyt]
Verbo 1. adornar. All the children
are helping to **decorate** the
Christmas tree. **2.** decorar. Mom is
decorating Cathy's birthday cake.

deep [dip]
Adjetivo, hondo. The water in the
pond is very **deep.**

deer, deer [dir]
Sustantivo,
ciervo,
ciervos.

delicious [dilíshos]
Adjetivo, delicioso. Mom's cake
tasted really **delicious.**

deliver [delíver]
Verbo, entregar. Milk is **delivered** to
the house every day.

den [den]
Sustantivo, madriguera. Ben and Sam
have got a secret **den** in the woods.

Denmark [dénmark]
Sustantivo, Dinamarca.

dentist [déntist]
Sustantivo,
dentista,
odontólogo.
Nobody likes
going to the
dentist, but if
you do not,
your teeth
will fall out.

department store [dipártment stor]
Sustantivo, almacén, tienda.

desert [dézrt]
Sustantivo, desierto.
There is not much
water in a **desert.**

desk [desk]
Sustantivo **1.** escritorio. The students
were all sitting down at their **desks.**
2. pupitre.

develop [divélop]
Verbo, desarrollar. Cathy is
developing into a young lady,
thought Mom.

devil [dévl]
Sustantivo, demonio.

diamond [dáymond]
Sustantivo, diamante. Granny has a
lovely **diamond** ring.

dice [days]
Sustantivo,
dados.

dictionary [díksheneri]
Sustantivo, diccionario. If you do not
know what "hippopotamus" means,
look it up in your **dictionary.**

did [did]
Verbo, pretérito de **do.** Ben **did** his
homework so badly yesterday,
the teacher has told him to **do** it
again.

die [day]
Verbo, morir.

different [díferent]
Adjetivo **1.** distinto. There are
several **different** flowers in the
garden. **2.** diferente. Uncle Bill looks
different — he has grown a beard.

difficult [dífikolt]
Adjetivo, difícil. Ben finds the
exercise very **difficult** so Sam is
helping him.

dig, dug, has dug [dig, dag, jaz dag]
Verbo, cavar.
Dad is **digging**
a hole in the
garden to plant
the new tree.

dining room
[dáyning rum]
Sustantivo, comedor. The family are
having dinner in the **dining room.**

dinner

dinner [díner]
Sustantivo, cena. Mom and Dad
have invited friends over for
dinner.

dinosaur [dáynosor]
Sustantivo,
dinosaurio.

direction [dairékshen]
Sustantivo, dirección.

dirty [dérti]
Adjetivo, sucio.
After falling
in the mud,
Emma's clothes
were very **dirty.**

disappear [disapír]
Verbo, desaparecer. The stain in
Dad's jacket **disappeared** after Mom
washed it.

discover [diskóver]
Verbo, descubrir. Cathy and Kirsty
have **discovered** Ben and Sam's
secret den.

dish [dish]
Sustantivo
1. plato.
2. the dishes
vajilla.

distance [dístens]
Sustantivo
1. distancia.
It is quite a long
distance from
Sam's house
to school.
2. a lo lejos.
Dad is
looking at
a big ship
in the distance.

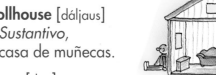

disturb [distérb]
Verbo, molestar. "Do not **disturb**
Daddy when he is working, please,"
said Mom.

divide [diváyd]
Verbo **1.** dividir.
Mom **divided**
the cake into
eight pieces.
2. repartir.
She **divided** it
among the children.

do, did, has done [du, did, jaz don]
I. *Verbo* **1.** hacer. "If you have got
nothing to **do,**" said Mom, "you
could help me with the shopping."
2. preparar. Cathy and Ben are
doing their homework. **3. how do
you do?** ¿cómo está usted?
II. *Verbo auxiliar* **1.** en preguntas.
Do you know him? (¿Le conoces?).
2. para dar énfasis. Please, **do** tell
me! (¡Por favor, dígamelo!).

doctor [dákter]
Sustantivo, doctor.

dog [dog]
Sustantivo,
perro. Muffin
is the family **dog.**

doll [dal]
Sustantivo, muñeca.

dollhouse [dáljaus]
Sustantivo,
casa de muñecas.

done [don]
Ver **do.** Cathy **has done** her
homework and is now going riding.

donkey [dónki]
Sustantivo,
burro.

don't [dount]
Contracción de **do not**, no. "**Don't** talk during the lesson!" scolded the teacher.

door [dor]
Sustantivo, puerta.

double [dabl]
Adjetivo, doble. Mom and Dad sleep in a **double** bed.

double-decker [dabldéker]
Sustantivo, autobús de dos pisos.

doubt [daut]
Verbo, dudar. "I **doubt** that it will rain," said Dad.

doughnut [dónut]
Sustantivo, buñuelo. Emma's face was covered in sugar after eating the **doughnut**.

down [daun]
Preposición, abajo, hacia abajo. Ben climbed back **down** the tree.

downstairs [daunstérz]
Adverbio **1.** hacia abajo. "Come **downstairs**, children!" called Mom, "it is time for supper." **2.** abajo. Grandad is **downstairs** reading the paper.

dragon [drágon]
Sustantivo, dragón. Ben is reading a story about knights and **dragons**.

drank [drank]
Ver **drink**.

draw, drew, has drawn
[dro, dru, jaz dron]
Verbo
1. dibujar. Cathy is **drawing** a picture of a horse.
2. empatar. The teams **drew** 2 - 2.

drawer [dróer]
Sustantivo, gaveta. Mom is putting the forks away in the **drawer**.

drawn [dron]
Ver **draw**.

dream, dreamt, has dreamt
[drim, dremt, jaz dremt]
I. Verbo, soñar. Cathy **dreamt** she was riding the fastest horse in the world.
II. Sustantivo, sueño.

dress [dres]
I. Sustantivo, vestido.
II. Verbo, vestirse. Ben **dressed** quickly because it was late and he had to go to school.

drew [dru]
Ver **draw**.

drink, drank, has drunk
[drink, drank, jaz drank]
Verbo, beber. "What would you like to **drink**?" asked Granny.

drive, drove, driven
[drayv, drov, jaz dríven]
I. Verbo, manejar, conducir. Last

D

driver

Saturday, the family **drove** to the coast for the weekend.
II. *Sustantivo*, paseo.

driver [dráyver]
Sustantivo, conductor, conductora. The police stopped the **driver** for going too fast.

drop [drop]
I. *Verbo*, dejar caer. Ben **dropped** the cup on the floor.
II. *Sustantivo*, gota. Granny decided to go inside when she felt a **drop** of rain fall on her head.

drove [drov]
Ver **drive.** Dad **drove** the children to school.

drum [drám]
Sustantivo 1. tambor.
2. the drums batería. Cathy's cousin plays **the drums.**

drunk [drank]
Ver **drink.** Kirsty **has drunk** the whole bottle of lemonade by herself.

dry [dray]
I. *Adjetivo*, seco.
II. *Verbo* 1. secar. Mom is hanging the wash out to **dry.**
2. enjugar. Dad is **drying** the dishes.

duck [dak]
Sustantivo, pato.

duckling [dáklin]
Sustantivo, patito.

dug [dag]
Ver **dig.** Dad **dug** a hole and planted a tree.

during [dúring]
Preposición, durante. Emma fell asleep **during** the drive to the coast.

dust [dast]
I. *Sustantivo*, polvo.
II. *Verbo*, desempolvar. Granny is **dusting** the bookshelf.

dustbin [dástbin]
Sustantivo, cubo para basura. Dad put the rubbish in the **dustbin.**

Dutch [dach]
Adjetivo 1. holandés. **2. he/she is Dutch** él es holandés, ella es holandesa.

E

each [ich]
Adjetivo, cada. **Each** child at Cathy's party was given a piece of birthday cake.

eager [íger]
Adjetivo, **to be eager to do something** ansioso de hacer algo. Sam **was eager to** get home and play his new computer game.

eagle [igl]
Sustantivo, águila.

ear [ir]
Sustantivo, oreja.

40

early [érli]
   I. *Adjetivo*, temprano. In the **early** morning, Dad takes Muffin for a short walk.
   II. *Adverbio*, temprano. The children have to get up **early.**

earn [ern]
   Verbo, ganar, obtener.

earring [íring]
   Sustantivo, pendiente.

earth [erth]
   Sustantivo, tierra.

east [ist]
   I. *Sustantivo*, este. The sun rises in the **east** and sets in the west.
   II. *Adjetivo*, oriental.

Easter [íster]
   Sustantivo, Pascua de Resurrección.

easy [ízi]
   Adjetivo, fácil. Sam thought the exam was really **easy,** but Ben did not.

eat, ate, has eaten [it, eyt, ¡az íten]
   Verbo, comer.
   Muffin **has eaten** the sausages that were on the kitchen table.

edge [ed¡]
   Sustantivo, orilla, borde, filo. Cathy stood on the **edge** of the pool.

egg [eg]
   Sustantivo, huevo. "Would you like a fried **egg** or a soft-boiled **egg** for breakfast?" asked Mom.

eight [eit]
   Adjetivo, ocho.

eighteen [eytín]
   Adjetivo, dieciocho.

eighty [éyti]
   Adjetivo, ochenta.

elbow [élbou]
   Sustantivo, codo.

electrician [elektríshen]
   Sustantivo, electricista (masc. y fem.).

electricity [elektrísiti]
   Sustantivo, electricidad.

elephant [élefant]
   Sustantivo, elefante.

eleven [iléven]
   Adjetivo, once.

empty [émpti]
   Adjetivo, vacío. Muffin's bowl is **empty.**

end [end]
   I. *Sustantivo*, fin.
   II. *Verbo*, terminar.

enemy [énemi]
   Sustantivo, enemigo.

engine [éndjin]
   Sustantivo
   1. motor. The car **engine** started to make funny noises on the way to the coast.
   2. locomotora. The **engine** of the train was painted red.

41

England

England [íngland]
Sustantivo,
Inglaterra.

English [ínglish]
I. *Adjetivo* **1.** inglés. **2. he/she is English** él es inglés, ella es inglesa.
II. *Sustantivo*, inglés. **English** is spoken by many people around the world.

enjoy [endjóy]
Verbo **1.** disfrutar de. **2. to enjoy doing something** disfrutar haciendo algo. Dad **enjoys reading** the newspaper when he comes home from work.

enough [ináf]
Adjetivo, suficiente. "Is there **enough** milk for breakfast tomorrow?" asked Mom.

enter [énter]
Verbo, entrar en. Emma **entered** the room with Granny's best hat on her head.

entrance [éntrans]
Sustantivo, entrada.

envelope [énvelop]
Sustantivo,
sobre.

equal [íkual]
I. *Verbo*, ser igual a. Five and ten **equals** fifteen.
II. *Adjetivo*, igual. The two pieces of cake are **equal** in size.

escalator [éskaleyter]
Sustantivo,
escalera móvil.
Cathy and Ben took the **escalator** up to the second floor.

escape [eskéyp]
Verbo, escapar. A tiger has **escaped** from the zoo and the police are telling everyone to stay in their houses.

Europe [yúrop]
Sustantivo,
Europa.

European [yuropíen]
Adjetivo, europeo.

even [íven]
Adverbio, hasta. **Even** Kirsty thought the math exercise was difficult.

evening [ívning]
Sustantivo **1.** tarde. Ben did his homework **in the evening. 2. Good evening!** ¡Buenas tardes!

every [évri]
Adjetivo, cada. Granny has to take her medicine **every** morning and **every** afternoon.

everybody, everyone
[évribodi, évriuan]
Pronombre **1.** cada uno. **Everyone** knows that whales are not fish.
2. todos. **Everybody** clapped when the school orchestra finished playing.

everything [évrithing]
Pronombre, todo. Cathy has taken **everything** out of the drawer.

everywhere [évriuer]
Adverbio, por todas partes. Clothes were lying **everywhere** in Ben's room.

exactly [ekzáktli]
Adverbio, exactamente. Cathy and Kirsty have **exactly** the same shoes.

exam [ekzám]
Sustantivo, examen. The pupils are taking an **exam** today.

example [ekzámpl]
Sustantivo, ejemplo.

excellent [ékselent]
Adjetivo, excelente. The teacher has written **"excellent"** at the bottom of Cathy's homework.

except [eksépt]
Preposición, excepto. Everyone was ready to have lunch **except** Ben.

exciting [eksáyting]
Adjetivo, emocionante. The film was so **exciting**, Kirsty could hardly sit still.

excuse [ekskiúz]
Verbo **1.** excusar. Uncle Bill **excused himself** for being so late. **2. Excuse me!** ¡Con permiso! **"Excuse me,"** said Mom, as she hurried through the crowd towards Emma.

excuse [ekskiús]
Sustantivo, excusa. The teacher asked Ben what his **excuse** was this time for not doing his homework.

exercise [eksersáyz]
Sustantivo **1.** ejercicio. Ben is asking Sam to help him with the math **exercise. 2.** *Verbo*, ejercitarse. Cathy **exercises** in school.

exercise book [eksersáyz buk]
Sustantivo, cuaderno de ejercicios.

exit [éksit]
Sustantivo, salida.

expensive [ekspénsiv]
Adjetivo, costoso, caro. "We cannot afford a new car," said Dad "it is too **expensive.**"

explain [ekspléyn]
Verbo, explicar. Ben is **explaining** why he did not do his homework.

extra [ékstra]
I. *Adjetivo*, adicional. **Extra** chairs had to be brought because so many people wanted to see the school play.
II. *Adverbio*, más. Cathy put on an **extra** thick jumper as it was so cold outside.

eye [ay]
Sustantivo, ojo. Emma has shut her **eyes** and is counting to ten while the others hide.

eyebrow [áybrau]
Sustantivo, ceja.

eyelash [áylash]
Sustantivo,
pestaña.

F

face [feys]
Sustantivo,
cara.

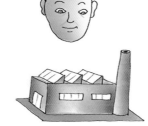

factory [fáktori]
Sustantivo,
fábrica.

fail [feyl]
Verbo, fracasar. Some pupils have **failed** the exam.

faint [feynt]
Adjetivo, tenue. There is a **faint** smell of gas in the garage.

fair [féar]
I. *Adjetivo* 1. rubio.
Mom has **fair** hair.
2. justo.
It is not **fair**
to take the ball
away from Emma,
she wants to play too.
II. *Sustantivo,* feria.

fairy [féri]
Sustantivo,
hada.

fairy tale [féri teyl]
Sustantivo, cuento de hadas.

fall, fell, has fallen [fol, fel, jaz fólen]
Verbo, caer. Ben **has fallen** from the tree and bumped his head.

family [fámili]
Sustantivo, familia.

famous [féymes]
Adjetivo, famoso. Kirsty is telling Cathy about the **famous** actor she saw in the department store.

far [far]
Adverbio, lejos. **1.** Sam does not live very **far** away from Ben. **2.** mucho más. Cathy thinks history is **far** easier than math. **3. so far** hasta ahora. "**So far** the play has not been very good but it may get better," said Dad.

farm [farm]
Sustantivo,
granja.
Mom always
buys eggs
from the **farm.**

farmer [fármer]
Sustantivo,
granjero.

fashion [fáshen]
Sustantivo, moda. Cathy likes reading magazines about **fashion.**

fast [fast]
Adjetivo, rápido. Ben can run very **fast.**

fat [fat]
Adjetivo, gordo. Sam is **fatter** than Ben.

father [fáther]
Sustantivo,
padre.

favorite [féyvorit]
Adjetivo, favorito. Kirsty's **favorite** food is ice cream.

feather [féther]
Sustantivo,
pluma.

February [fébrueri]
Sustantivo, febrero.

feed, fed, has fed [fid, fed, jaz fed]
Verbo,
alimentar.
Emma, Ben,
and Cathy
are **feeding**
the ducks
down by the river.

feel, felt, has felt [fil, felt, jaz felt]
Verbo **1.** sentir. Sam is not **feeling**
very well, he has probably eaten too
much. **2. to feel like** tener ganas de.
"I just **feel like** a piece of chocolate,"
said Granny.

feet [fit]
Plural de **foot**
pies.

fell [fel]
Ver **fall.** Emma **fell** on her bottom
and started to cry.

felt [felt]
Ver **feel.**

felt-tip pen [félt-tip]
Sustantivo,
rotulador.

female [fiméyl]
Adjetivo, hembra. Silky is a **female**
cat.

fence [fens]
Sustantivo, valla.
Mom is talking
to her neighbor
over the **fence.**

ferry
[féri]
Sustantivo,
transbordador.

fetch [fech]
Verbo, **1.** ir por. Muffin always
fetches the stick when Ben throws it
for him. **2.** traer. Mom **fetches** Emma
from nursery school at twelve o'clock.

fever [fíver]
Sustantivo, fiebre.

few [fiú]
Adjetivo **1. a few** unos pocos. There
were quite a lot of people at the
party but Cathy only knew **a few** of
them. **2.** pocos. **Few** pupils failed
the exam.

field [fild]
Sustantivo, campo.
There is a
flock of sheep
in the **field.**

fierce [firs]
Adjetivo, feroz. Muffin is not a
fierce dog but the postman is still
afraid of him.

fifteen [fiftín]
Adjetivo, quince.

fifty [fífti]
Adjetivo, cincuenta.

fight, fought, has fought
[fayt, fot, jaz fot]
Verbo **1.** pelear.
A teacher is trying
to stop a group
of boys who are
fighting in the
playground. **2.** luchar.

F fill

fill [fil]

Verbo, llenar. Sam **filled** the bottle with water.

film [film]

Sustantivo, película.

find, found, has found

[faynd, faund, jaz faund]
Verbo, encontrar.

fine [fayn]

Adjetivo **1.** bueno. The weather stayed **fine** for the picnic. **2. I am fine** Estoy bien. "How are you, Sam?" asked Mom. "**I am fine,** thank you," replied Sam.

finger [finger]

Sustantivo, dedo.

finish

[finish]

I. *Verbo* **1.** completar. "**Finish** your homework before going out to play," said Mom. **2.** terminar. Ben and Cathy **finished** their breakfast and hurried off to school. **3.** acabar. Dad **finished** his cup of coffee and put on his coat. **4.** concluir. When the concert **finished** everybody clapped. **5. to have finished** haber terminado. "**I have finished!**" cried Ben, "Can I go out now?"
II. *Sustantivo*, meta. Ben reached the **finish** first in the race.

fire [fayr]

Sustantivo
1. fuego.
2. lumbre.
Granny likes
sitting in front
of the **fire.**

fire engine [fayr éndjin]

Sustantivo, bomba de incendios.

firefighter [fayrfayter]

Sustantivo, bombero.
Firefighters live dangerously!

fireplace [fáyrpleys]

Sustantivo,
hogar. Silky's
favorite place
is the armchair
next to the
fireplace.

fire station [fáyr stéyshon]

Sustantivo, estación de bomberos.

fireworks [fáyruerks]

Sustantivo,
fuegos artificiales.
People light
fireworks on
the 4th of July.

first [ferst]

I. *Adjetivo*, primero, primera, primeros, primeras. The **first** time Ben tried to roller skate, he kept falling over.
II. *Adverbio*, primero, primera, primeros, primeras. The children must **first** do their homework.

fish, fish [fish]

Sustantivo, pez,
peces. Ben
caught five **fish.**

fishing [fishing]

Sustantivo **1.** pesca.
"NO **FISHING!**"
**2. to go
fishing** ir de
pesca. Ben
and Sam are
going fishing
at the lake tomorrow.

five [fayv]
Adjetivo, cinco.

fix [fiks]
Verbo **1.** fijar. Dad **fixed** the tent to the ground with a peg.
2. arreglar. "My watch is broken. Can you **fix** it, Dad?" asked Cathy.

flag [flag]
Sustantivo, bandera.

flame [fleym]
Sustantivo, llama.

flat [flat]
I. Sustantivo, apartamento (Inglaterra). Kirsty's family lives in a **flat**.
II. Adjetivo **1.** llano. The Netherlands is a very **flat** country. **2.** desinflada. Ben's bicycle has got a **flat** tire.

flavor [fléiver]
Sustantivo, sabor. Kirsty's favorite ice cream **flavor** is strawberry.

flew [flu]
Ver **fly.**

float [flout]
Verbo, flotar. The ball rolled into the sea and **floated** away.

flock [flak]
Sustantivo
1. rebaño. The farmer is moving the **flock** of sheep into another field.
2. bandada. A **flock** of birds flew down onto Grandad's cabbages.

flood [flad]
I. Sustantivo, inundación.
II. Verbo, inundar. It rained so much that the river **flooded** the street.

floor [flor]
Sustantivo **1.** piso.
2. suelo.

flour [flaur]
Sustantivo, harina.

flower [fláuer]
Sustantivo, flor.

flown [floun]
Ver **fly.** The eagle **has flown** back to its nest.

flu [flu]
Sustantivo, gripe. Ben has got the **flu** and has to stay in bed.

fluffy [fláfi]
Adjetivo, velloso, plumosos, lanudo. Emma has lots of **fluffy** toys.

flute [flut]
Sustantivo, flauta. Cathy plays the **flute** in the school orchestra.

fly, flew, has flown [flay, flu, jaz floun]
Verbo **1.** volar. **2.** hacer volar. Ben and Sam are **flying** Ben's new kite.

foal [fol]
Sustantivo, potro.

fog [fog]
Sustantivo, niebla. Dad had to drive very slowly because of the thick **fog.**

fold [fold]
Verbo **1.** plegar. Mom **folded** the letter and put it in an envelope.
2. doblar. Cathy is helping Mom **fold** the washing.

follow [fálou]
Verbo, seguir. Cathy and Kirsty **followed** Ben and Sam to see where they were going.

food [fud]
Sustantivo, comida.

foot, feet [fut, fit]
Sustantivo,
pie, pies.

football [fútbol]
Sustantivo,
fútbol.

for [for]
Preposición **1.** para. There is a letter **for** Cathy on the table. **2.** durante. Dad has been in London **for** two days now. **3.** por. Ben has got a new kite **for** his birthday. **4.** de. Ben jumped **for** joy when he saw his new present.

forbid, forbade, has forbidden
[forbíd, forbéyd, jaz forbíden]
Verbo, prohibir. Mom **has forbidden** the children to play on the road.

forehead [fórjed]
Sustantivo,
frente.

foreign [fóren]
Adjetivo, extranjero. Dad can speak two **foreign** languages.

forest [fórest]
Sustantivo,
bosque.

forgave [forgéyv]
Ver **forgive.**

forget, forgot, has forgotten
[forgét, forgát, jaz forgáten]
Verbo, olvidar. Ben often **forgets** to brush his hair.

forgive, forgave, has forgiven
[forgív, forgéyv, jaz forgíven]
Verbo, perdonar. Cathy **has forgiven** Ben for breaking her racket.

forgot, forgotten [forgát, forgáten]
Ver **forget.**

fork [fork]
Sustantivo,
tenedor.

forty [fórti]
Adjetivo, cuarenta.

forward [fóruerd]
Adverbio, adelante. Dad drove backward instead of **forward** and crashed straight into a tree.

fought [fot]
Ver **fight.** The boys **fought** with each other until a teacher told them to stop.

found [faund]
Ver **find.** Sam **found** an arrow in his garden.

fountain [fáunten]
Sustantivo,
fuente.

four [for]
Adjetivo, cuatro.

fourteen [fortín]
Adjetivo, catorce.

fox [fox]
Sustantivo, zorro.
The **fox** crept
slowly toward
the hens.

France [frans]
Sustantivo,
Francia.

free [fri]
Adjetivo **1.** libre. Granny took the
last **free** seat on the bus. **2.** gratuito.
Dad got two **free** tickets to the
concert for Cathy and Kirsty.

freeze, froze, has frozen
[friz, fróuz, jaz frozen]
Verbo, congelar. The water in the
pond **has frozen** and the ducks are
slipping on the ice.

French [french]
I. Adjetivo **1.** francés. **2. he/she
is French** él es francés, ella es
francesa.
II. Sustantivo, francés (idioma).
Cathy is good at **French.**

fresh [fresh]
Adjetivo, fresco. Mom is buying
some **fresh** fish, fruit, and vegetables
at the market.

Friday [fráydey]
Sustantivo, viernes.

fridge [fridg]
Sustantivo,
refrigerador.
Mom put the
milk back in
the **fridge.**

friend [frend]
Sustantivo, amigo, amiga. Sam is
Ben's **friend** and Kirsty is Cathy's
friend.

frighten [fráyten]
Verbo **1.** asustar. Ben **frightened**
Granny by appearing from behind a
bush. **2. to be frightened of** estar
asustado de. Emma **is frightened of**
the dark.

frog [frog]
Sustantivo,
rana.

from [from]
Preposición **1.** de. The letter is **from**
Aunt Sarah. **2.** desde. Kangaroos
come **from** Australia.

front [front]
I. Sustantivo
1. fachada.
The ladder was
leaning against
the **front** of the
house.
2. in front of delante de. Mom was
standing **in front of** Mrs. Brown in
line at the shop.
II. Adjetivo, delantero, delantera,
delanteros, delanteras. Mom and
Dad sat in the **front** row of the theater.

froze, frozen [froz, frózen]
Ver **freeze.**

fruit [frut]
Sustantivo, fruta.
Fruit and
vegetables
are very
fresh at the
market.

F

fry

fry [fray]
Verbo **1.** freír.
Mom is
frying some
onions and
potatoes for
lunch.
2. to fry an egg
freír un huevo.

full [ful]
Adjetivo
1. lleno. The glass
is **full** of milk.
2. saciado. Sam
felt quite **full** after
he had eaten five sandwiches.

fun [fan]
Sustantivo, diversión. When the
family goes to the seaside they
always have lots of **fun.**

funny [fáni]
Adjetivo, divertido. Dad told a **funny**
story that made everyone laugh.

fur [fer]
Sustantivo, piel. Silky's **fur** is soft
and smooth.

furniture [férnecher]
Sustantivo,
muebles.

further [férther]
Adverbio, más lejos. Cathy lives
further away from school than Kirsty.

future [fiúcher]
Sustantivo **1.** futuro. No one can tell
what will happen in the **future.**
2. in the future en el futuro. "Please
try to be more careful **in the future**!"
scolded the principal.

G

game [geym]
Sustantivo **1.** juego. **2. games**
deporte. The pupils always have
games on Wednesday afternoons.

garage [garádj]
Sustantivo **1.** garaje.
Mom has parked the
car in the
garage.
2. taller.
The car is
in the **garage**
being repaired.

garden [gárden]
Sustantivo, jardín.

gardener [gárdener]
Sustantivo, jardinero, jardinera.

gate [geyt]
Sustantivo, verja.
Someone has
left the garden
gate open and
now Muffin
has run away.

gave [geyv]
Ver **give.** Granny **gave** Cathy a
book for Christmas.

geese [gis]
Plural de **goose**
ganso.

generous [djéneros]
Adjetivo, generoso. "Have my last
candy," said Kirsty. "That's very
generous of you," said Cathy.

gentle [djéntl]
Adjetivo, suave, tierno. You have to be **gentle** with a baby.

gentleman, gentlemen
[djéntlman, djéntlmen]
Sustantivo, caballero, caballeros. "Ladies and **gentlemen,** boys and girls!" began the headmaster.

German [djérman]
   I. *Adjetivo,* alemán, alemana.
   II. *Sustantivo* **1.** alemán, alemana.
   2. alemán (idioma). Do you speak **German?**

Germany [djérmani]
   Sustantivo, Alemania.

get, got, has got [get, got, jaz got]
   Verbo **1.** recibir. Ben **got** a bicycle for Christmas. **2.** llegar. "How do I **get** to the police station?" the man asked Ben. **3.** hacerse. As people **get** older they can start to go deaf.
   4. encontrar. "Can you **get** me my glasses?" Granny asked Cathy.
   5. to get back regresar. The Bridges have just **got back** from vacation.
   6. to get dressed vestirse. Emma is trying to **get dressed** by herself.
   7. to get into entrar a. Dad **got into** the car and drove off. **8. to get out** salir. Mom **got out** of the car.
   9. to get on subir a. Granny **got on** the bus. **10. to get off** bajar de. Granny **is getting off** the bus.
   11. to get up levantarse. Grandad **got up** from his chair and went to the window.

ghost [góust]
   Sustantivo, fantasma.

giant [djáynt]
   Sustantivo, gigante.

giggle [gígl]
   Sustantivo, risita. Emma does not laugh she just **giggles.**

giraffe [djeráf]
   Sustantivo, jirafa.

girl [gerl]
   Sustantivo, muchacha.

girlfriend [gérlfrend]
   Sustantivo, amiga, novia. Kirsty is John's **girlfriend.**

give, gave, has given
   [giv, geyv, jaz gíven]
   Verbo **1.** dar. Mom **gave** Cathy some money for an ice cream.
   2. regalar. Kirsty **gave** Cathy a new pair of sunglasses for her birthday.
   3. give up darse por vencido. "I **give up!**" said Sam, "I cannot guess what you got for Christmas, Ben."

glad [glad]
   Adjetivo, contento. Muffin is **glad** to see the children when they come home from school.

glass [glas]
   Sustantivo, vaso, vidrio.

glasses [glásez]
   Sustantivo, anteojos. Granny wears **glasses** for reading.

glove [glov]
   Sustantivo, guante. Mom told Ben to wear **gloves** if he went out to make a snowman.

glue [glu]
I. *Verbo*, encolar.
II. *Sustantivo*, goma de pegar, cola.
Glue is very sticky.

go, went, has gone
[go, uent, jaz gon]
Verbo **1.** salir. Mom **went out**
shopping. **2.** viajar. Ben and Cathy
go to school by bus. **3.** ir. "Where do
the plates **go**?" asked Aunt Sarah.
4. tornar. Dad's hair is **going** grey.
5. to go on continuar. Cathy **went
on** with her work. **6. to be going to**
ir a ser. Tomorrow **is going to** be a
fine day.

goal [gol]
Sustantivo, gol.
The crowd
cheered when
a **goal** was
scored.

goat [gout]
Sustantivo,
cabra.

God [god]
Sustantivo, Dios.

gold [gold]
I. *Sustantivo*, oro.
II. *Adjetivo*, dorado.

goldfish, goldfish [góldfish]
Sustantivo, pez o
peces de colores.

gone [gon]
Ver **go.**

good, better, best [gud, béter, best]
Adjetivo **1.** bueno, mejor, el mejor.
Ben said, "Muffin is a **good** dog."
"But Fido is a **better** dog," said Cathy.

"Not true," answered Ben, "Muffin is
the **best.**" **3. for good** para siempre.
"I am afraid that has gone **for
good,**" said Dad, as they watched
the ball float out to sea.

goodbye [gudbáy]
Interjección, adiós. "**Goodbye,**"
said Mom to Aunt Sarah, "see you
again soon."

goose, geese [gus, gis]
Sustantivo, ganso,
gansos.
The **goose**
put its head
into Mom's
bag and tried
to eat the
sandwiches.

gorilla [goríla]
Sustantivo,
gorila.

got [gat]
Ver **get.** Ben **has got** lots of
homework to do.

grandad [grándad]
Sustantivo, abuelito. The children
call their grandfather "**Grandad.**"

grandchild, grandchildren
[grándchayld, grandchildren]
Sustantivo, nieto, nietos.
Cathy, Ben, and Emma are
Granny and Grandad's
grandchildren.

granddaughter [grandóter]
Sustantivo, nieta.

grandfather [grandfáther]
Sustantivo, abuelo.

grandmother [grandmáther]
Sustantivo, abuela.

grandparents [grandpérents]
Sustantivo.
abuelos.
Granny and
Grandad are
Cathy, Ben,
and Emma's
grandparents.

grandson [grándson]
Sustantivo, nieto.

granny [gráni]
Sustantivo, abuelita. The children
call their grandmother "**Granny.**"

grape [greyp]
Sustantivo,
uva.

grapefruit [gréypfrut]
Sustantivo, toronja.

grass [gras]
Sustantivo,
hierba.

grasshopper [grasjóper]
Sustantivo,
saltamontes.
Ben opened
the matchbox
and let the
grasshopper
jump out into
the classroom.

gravy [gréyvi]
Sustantivo, salsa.

great [greyt]
Adjetivo, gran. Van Gogh was a
great artist.

Great Britain [greyt bríten]
Sustantivo, Gran Bretaña.
Great Britain is a large island.

Greece [gris]
Sustantivo, Grecia.

greedy [grídi]
Adjetivo, codicioso. "Do not be
greedy," said Mom to the children,
"leave some cake for Dad."

Greek [grik]
I. *Sustantivo*,
griego,
griega.
II. *Adjetivo*,
griego.

green [grin]
Adjetivo, verde.

grew [gru]
Ver **grow.**

grey [grey]
Adjetivo, gris.

ground [gráund]
Sustantivo, tierra. The **ground** was
covered in leaves.

group [grup]
Sustantivo, grupo.

grow, grew, has grown
[gro, gru, jaz gron]
Verbo **1.** crecer. The onions in
Grandad's garden are **growing** next
to the carrots. **2.** cultivar. Grandad
is also **growing** some beans.
3. aumentar. The city **has grown** a
lot in the last ten years. **4. to grow
angry** enojarse. Kirsty **grew angry**
with Ben because he switched off
the TV.

growl [graul]
Verbo, gruñir. Muffin **growled** when the black dog came toward him.

grown [groun]
Ver **grow.**

grown-up [groun-ap]
Sustantivo, adulto, adulta.

guard [gard]
Verbo, guardar, proteger. The family has left Muffin to **guard** the house.

guess [ges]
Verbo, adivinar. Sam was not able to **guess** what Ben was holding behind his back.

guest [gest]
Sustantivo, invitado.

guide [gayd]
Verbo, guiar. The children **guided** the blind man across the road.

guitar [gitár]
Sustantivo, guitarra.

gun [gan]
Sustantivo **1.** arma de fuego. **2.** pistola, revólver.

H

had [had]
Ver **have.** Ben **had** a beetle in his box.

hair [jer]
Sustantivo, pelo. Dad's **hair** is going grey.

hairdresser [jérdreser]
Sustantivo
1. peluquero, peluquera.
2. the hairdresser's peluquería.

half, halves [jaf, jafs]
I. *Sustantivo*, mitad. Mom cut the apple in two and gave one **half** to Cathy and the other **half** to Ben.
II. *Adverbio*, medio, media. The school play started at **half** past seven.

hall [jol]
Sustantivo, corredor.

halves [jafs]
Plural de **half** mitades.

ham [jam]
Sustantivo, jamón. Cathy has got one sandwich with **ham** and one with cheese.

hamburger [jámberger]
Sustantivo, hamburguesa.

hammer [jámer]
Sustantivo, martillo.

hamster [jámster]
Sustantivo, hámster. Ben has a **hamster** named "Harvey."

hand [jand]
Sustantivo **1.** mano. **2.** manecilla. The short **hand** of a clock is the **hour hand** and the long **hand** is the **minute hand.**

handle [jándl]
Sustantivo **1.** tirador.
The door **handle** is too
high for Emma
to reach.
2. mango.
The **handle** on
the suitcase
broke when
Grandad tried
to lift it. **3.** asa. Mom is fixing
the **handle** of the milk jug.

hang, hung, has hung
[jang, jong, jaz jong]
Verbo **1. to hang up**
colgar. Grandad
hung up his hat and
coat and went into
the living room.
2. to hang out,
pasar el rato.
My friends are
hanging out by the
swimming pool.

hanky [jénki]
Sustantivo,
pañuelo.

happen [jápen]
Verbo, pasar, suceder. "You are all
wet!" said Mom, "what **happened?**"

happy [jápi]
Adjetivo **1.** feliz. Ben and Cathy
are **happy** because the holidays
have started. **2. Happy New Year!**
¡Feliz Año Nuevo! **3. Happy
Birthday!** ¡Feliz
Cumpleaños!

harbor [járber]
Sust.
puerto.

hard [jard]
I. Adjetivo **1.** duro. The garden
bench is too **hard** for Granny so
Cathy is getting her a cushion.
2. difícil. Cathy thought the exam
was very **hard.**
II. Adverbio **1.** mucho. Ben must work
hard if he wants to pass his exams.
2. con insistencia. Muffin is pulling
hard at the lead. **3.** violentamente.
It was raining so **hard** that Ben was
not able to take Muffin for a walk.

hardly [járdli]
Adverbio **1.** apenas. Cathy could
hardly eat anything before her ballet
exam. **2. hardly ever** casi nunca.
Rhinoceroses **hardly ever** have a
bath.

harm [jarm]
Verbo **to harm somebody** hacer
daño a. "Muffin only barks, he will
not **harm** you," said Ben to the mail
carrier.

harvest [járvest]
Sust. cosecha.

has [jaz]
Ver **have. he/she/it has** él, ella, ello
tiene.

hat [jat]
Sust. sombrero.
Granny is wearing
a **hat** today.

hate [jeyt]
Verbo, odiar. Cathy **hates** spiders
and Mom **hates** ironing.

have, had, has had
[jav, jad, jaz jad]
I. Verbo **1.** tener. Cathy and Emma
have blue eyes. **2.** tomar. Emma is

hawk

having a bath. **3.** poseer. Dad **had** no money for a new car.
II. *Verbo* auxiliar **1.** haber. Muffin **has** chewed Ben's sock.

hawk [ȷok]
Sustantivo, halcón.
Hawks fly high in the sky to hunt for other birds.

hay [ȷey]
Sustantivo, heno.

he [ȷi]
Pronombre, él.

head [ȷed]
Sustantivo,
cabeza.

headache [ȷédeyk]
Sustantivo, dolor de cabeza. Cathy has got a **headache** from lying in the sun too long.

headphones [ȷédfons]
Sustantivo, auriculares. Mom bought digital **headphones** for Dad and put them under the Christmas tree.

healthy [ȷélthi]
Adjetivo, sano.

heap [ȷip]
Sustantivo, montón.
Ben's school uniform is lying in a **heap** in his room.

hear, heard, has heard
[ȷiyr, ȷerd, ȷaz ȷerd]
Verbo, oír. "Can you **hear** Dad singing in the bath?" asked Cathy.

heart [ȷart]
Sustantivo **1.** corazón. When Dad plays tennis his **heart** beats fast and he gets red in the face. **2. by heart** de memoria. Cathy already knows her words in the school play **by heart.**

heat [ȷit]
Sustantivo, calor.

heating [ȷíting]
Sustantivo,
calefacción.

heaven [ȷéven]
Sustantivo, cielo. "Are there angels in **heaven?**" asked Ben.

heavy [ȷévi]
Adjetivo, pesado. Cathy's suitcase is so **heavy** that she cannot lift it.

hedge [ȷedȷ]
Sustantivo, seto.
Ben has fallen out of the tree and landed in the **hedge!**

hedgehog [ȷédȷȷog]
Sustantivo,
erizo.

heel [ȷil]
Sustantivo **1.** talón. **2.** tacón.
Cathy wants to buy a pair of shoes with high **heels. 3. Heel!** ¡Quieto!
"**Heel!**" called Ben to Muffin as the dog started to run towards the deer.

held [ȷeld]
Ver **hold.** Kirsty **held** Cathy's satchel while she tied her laces.

helicopter [jélikapter]
Sustantivo,
helicóptero.

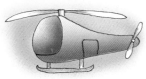

hello [jeló]
Interjección, hola. "**Hello,** Cathy,"
said Mrs. Brown, "How are you?"

help [jelp]
I. *Verbo,* ayudar. Cathy is **helping**
Dad clean the car.
II. *Sustantivo,* ayuda. The children
can be a great **help** when they want
to be.
III. *Interjección,* ¡Socorro! "**Help!**"
cried Ben from the top of the tree,
"I cannot get down!"

hen [jen]
Sustantivo,
gallina.

her [jer]
I. *Pronombre* **1.** la. "There is Cathy,
can you see **her?**" said Mom,
pointing at the stage. **2.** le. "Cathy
is not in. Do you want to leave **her** a
message?" asked Grandad.
II. *Adjetivo posesivo,* su, sus. Kirsty
wants to go to the party with **her**
boyfriend.

here [jíar]
Adverbio **1.** aquí. "**Here** is the ball,
Muffin," called Ben. **2.** acá. "Come
here and bring that comic book with
you!" said the teacher to Sam.

hers [jerz]
Pronombre, el suyo, la suya, los suyos,
las suyas, de ella. "Which is mine
and which is **hers?**" asked Grandad,
when Cathy brought two sodas.

herself [jérself]
Pronombre **1.** se. Granny enjoyed

herself at the fair. **2.** ella misma.
Mom thinks Dad is lucky to go to
Rome; she would like to go **herself.**
3. (all) by herself por sí sola. Emma
got dressed **all by herself**.

hi! [jay]
Interjección, ¡Hola! "**Hi,** Sam!"
shouted Ben.

hide, hid, has hidden
[jayd, jid, jaz jíden]
Verbo **1.** esconder.
Muffin **has
hidden**
Grandad's
slipper in
a hole in
the garden.
2. esconderse.
Emma is **hiding** behind the door.

hide-and-seek [jayd-and-sík]
Sustantivo, juego del escondite. The
children are playing **hide-and-seek;**
where is Emma hiding?

high [jay]
I. *Adverbio,* a gran altura. The kite is
high in the sky. **II.** *Adjetivo,* alto, alta,
altos, altas. Silky lay on the **high** wall.

hill [jil]
Sustantivo **1.** colina.
2. cerro.
The house
at the top
of the **hill**
belongs to
a famous actor.

him [jim]
Pronombre **1.** lo. "Where is Ben?
Have you seen **him?**" asked Mom.
2. le. "I have not heard a word

himself

from **him** all morning," said Dad.
3. él. "That is **him!**" cried Cathy,
pointing at a man in a dirty raincoat.

himself [jimsélf]
Pronombre **1.** se. Ben is making
himself a cup of tea. **2.** él mismo.
Dad cannot help Ben with his math
homework because he does not
know the answer **himself. 3. (all) by
himself** por sí solo. Sam has eaten
the whole pizza **by himself.**

hippo, hippopotamus
[jípo, jipopátames]
Sustantivo,
hipopótamo.

his [jiz]
I. *Adjetivo posesivo,*
su, sus. Ben is
brushing **his** teeth.
II. *Pronombre,* el suyo,
la suya, los suyos, las suyas, de él.
"Which is **his** drink?" asked Cathy.

hit, hit, has hit [jit, jit, jaz jit]
Verbo **1.** pegar.
Dad **hit** the ball
over the fence
into the neighbor's
garden.
2. golpear.
The ball **hit**
Mr. Brown as
he was cutting
the grass.
3. golpearse.
Emma **hit** her
head on the
table.

hobby [jóbi]
Sustantivo, afición.

hockey [jóki]
Sustantivo
1. hockey.
**2. hockey
stick** palo
de hockey.

hold, held, has held
[jold, jeld, jaz jeld]
Verbo **1.** sujetar. Kirsty is **holding**
Cathy's bag while she ties her laces.
2. to be held celebrar. The concert
was held in the school hall.
3. to hold on sujetarse. Cathy **held
on to** the side of the boat as the
waves got bigger. **4. to hold up**
levantar. The children **held up**
their hands.

hole [jol]
Sustantivo,
hoyo, agujero.

holiday [jólidey]
Sustantivo **1. holidays** vacaciones.
The school **holidays** start on Friday.
2. veraneo. The Bridges are going
on **holiday** next week. **3.** día de
fiesta. Today is a **holiday,** all the
shops are closed.

home [jom]
I. *Sustantivo,* hogar, casa. Dad
leaves **home** at half past seven
every morning.
II. *Adverbio* **1.** a casa. Sam is going
home. 2. at home en casa. Cathy is
staying **at home** today because she
does not feel very well.

homework [jómuerk]
Sustantivo, tarea, deberes.

honest [ánest]
Adjetivo, honesto.

honey [jáni]
Sustantivo,
miel.

hoof, hooves [juf, juvs]
Sustantivo,
casco, pezuña.

hop [jap]
Verbo, brincar. Emma
hopped along
the pavement
on one leg.

hope [jop]
Verbo, esperar. "I **hope** Kirsty can
come to my party," said Cathy.

hopscotch [jápskach]
Sustantivo, juego a la
pata coja, rayuela.
Cathy is showing
Emma how to
play **hopscotch.**

horn [jorn]
Sustantivo **1.** trompa.
Sam plays
the **horn** in the
school orchestra.
2. bocina.
When the car
behind him blew
its **horn,** Ben nearly fell off his
bicycle.

horrible [jóribl]
Adjetivo **1.** horrible. "What **horrible**
weather!" said Grandad.
2. antipático. "Don't be so **horrible**
to your little sister!" said Mom.

horse [jors]
Sustantivo,
caballo.

hospital [jáspitl]
Sustantivo, hospital.

hot [jat]
Adjetivo, caliente.

hot-air balloon [jat-ér balún]
Sustantivo,
globo de aire caliente.

hot dog [jat dog]
Sustantivo, perro caliente.
Dad and Ben
often eat a **hot**
dog when they
go to a football
match.

hotel [jótel]
Sustantivo, hotel.

hour [aur]
Sustantivo, hora. Dad needs
almost half an **hour** to reach the
office.

house [jáus]
Sustantivo,
casa.

how [jau]
Adverbio **1.** cómo. **How** do you say
"thank you" in German? **2. How do**
you do cómo está usted. "**How do**
you do, Mrs. Bridges," said the
pharmacist.

however [jauéver]
Adverbio **1.** sin embargo. Dad
usually reads the newspaper after
supper, **however** this evening he is
watching TV. **2.** por mucho que.
However long it took, Ben was going
to teach Muffin to catch a ball.

hug [jag]
I. *Sustantivo* 1. abrazo.
**2. to give
somebody a hug**
dar un abrazo
a alguien.
Dad gave
Mom a **hug** and
kissed her goodbye.
II. *Verbo*, abrazar. Mom **hugged**
Emma and kissed her goodnight.

hundred [jándred]
Adjetivo, cien, ciento.

hung [jáng]
Ver **hang.**
Ben **hung** a picture
of Muffin in
his bedroom.

hungry [jángri]
Adjetivo 1. hambriento. **2. to be
hungry** estar hambriento. Although
Sam ate three slices of toast he was
still **hungry.**

hunt [jant]
Verbo 1. cazar. Silky likes **hunting**
mice. **2.** buscar. Ben is **hunting** for
his ball.

hurry [járri]
I. *Sustantivo* 1. prisa. In his **hurry** to
get ready for school, Ben forgot to
put on his tie. **2. to be in a hurry**
estar apresurado.
II. *Verbo*, apresurarse. Ben will have
to **hurry** if he wants to catch the
bus.

hurt, hurt, has hurt [jert, jert, jaz jert]
Verbo 1. lastimarse. Emma fell down
and **hurt** herself. **2.** ser herido. Two
people were **hurt** in the accident.

husband [jásband]
Sustantivo, esposo. Uncle Bill is Aunt
Sarah's **husband.**

hut [jat]
Sustantivo,
choza.

I [ay]
Pronombre, yo.

ice [ays]
Sustantivo, hielo.
The children are
skating on the **ice.**

ice cream [ays krim]
Sustantivo, helado.
Grandad has
bought the
children an
ice cream.

idea [aydía]
Sustantivo 1. idea. Ben's **idea** was to
build a bridge. **2.** ocurrencia. Sam
always had good **ideas.**

if [if]
Conjunción 1. si. "**If** the weather is
fine tomorrow, we can have a
picnic," said Mom.

ill [il]
Adjetivo, enfermo.
Muffin ate some flowers and now
he is ill.

illness [ílnes]
Sustantivo, enfermedad.

imagination [imadjinéishen]
Sustantivo, imaginación. The art
teacher tells her pupils to use their
imagination when they paint.

imagine [imádjin]
Verbo **1.** imaginarse.
Cathy **imagined**
herself as a
famous ballet
dancer.
2. imaginar. Dad thought he heard
a noise in the garage but there was
nobody there, so he must have
imagined it.

important [impórtant]
Adjetivo, importante.

impossible [impásibl]
Adjetivo, imposible.

in [in]
I. Preposición, en. Ben is already **in**
bed. Dad will be home **in** half an
hour.
II. Adverbio, estar aquí. "Is Ben **in?**"
asked Sam.

including [inklúding]
Preposición, incluyendo. Everyone,
including the grown ups, enjoyed
themselves at the fair.

India [índia]
Sustantivo, India.

Indian [índien]
I. Sustantivo **1.** indio, india.
2. Native American (E.U.A.)
In the past,
Native Americans
were called
Indians.
II. Adjetivo, indio, india. **Indian**
rugs are well known everywhere.

ink [ink]
Sustantivo,
tinta.

insect [ínsekt]
Sustantivo,
insecto.

inside [insáyd]
I. Sustantivo **1.** interior. There were
dog hairs all over the **inside** of the
car. **2. inside out** al revés. Ben has
put his sweater on **inside out.**
II. Adverbio **1.** por dentro. The car
has been well cleaned, both **inside**
and out. **2.** adentro. As it was
raining, the children stayed **inside.**
3. please step inside por favor,
pase usted.
III. Preposición, en.
Emma was hiding
inside the wardrobe.

instrument [ínstrument]
Sustantivo, instrumento. Cathy plays
the flute, Sam plays the horn, Kirsty
plays the piano — only Ben does not
play an **instrument.**

interesting [ínteresting]
Adjetivo, interesante.

interview [ínterviu]
Sustantivo **1.** entrevista. Kirsty's dad
has an **interview** for a new job.
2. interviú. Cathy is watching an
interview with her favorite actor
on TV.

into [íntu]
Preposición **1.** al,
a, en. Ben fell
into the river.
2. contra.
Dad drove **into** a tree.

invite

invite [inváit]
  Verbo, invitar.

Ireland [áyrlend]
  Sustantivo, Irlanda.

Irish [áyresh]
  Adjetivo **1.** irlandés. **2. he/she is
  Irish** él es irlandés, ella es irlandesa.

iron [ayrn]
  I. *Sustantivo*, plancha.
  "Do not touch
  the **iron**, it is
  still hot!"
  said Mom.
  II. *Verbo*, planchar.

is [iz]
  Ver **be.** Ben **is** in bed.

island [áyland]
  Sustantivo,
  isla.

it [it]
  Pronombre, el, ella,
  ello, lo, la, le, eso.

Italian [itályan]
  I. *Sustantivo* **1.** italiano, italiana.
  2. italiano (lenguaje).
  II. *Adjetivo*, italiano, italiana.

Italy [ítali]
  Sustantivo, Italia.

its [itz]
  Adjetivo, su, sus.
  Ben has drawn
  a picture of a
  house. **Its** door
  is painted red.

J

jacket [djáket]
  Sustantivo,
  chaqueta.

jam [djam]
  Sustantivo **1.** mermelada.
  2. traffic jam
  congestión.

January [djányueri]
  Sustantivo, enero.

Japan [djapán]
  Sustantivo, Japón.

Japanese [djapanís]
  I. *Sustantivo*, japonés,
  japonesa.
  II. *Adjetivo*, japonés, japonesa.

jar [djar]
  Sustantivo, frasco.
  Grandad has
  opened a new
  jar of jam.

jeans [djins]
  Sustantivo, pantalones de dril,
  vaqueros. "Where are my **jeans?**"
  asked Ben, "this pair is too small."

jelly [djéli]
  Sustantivo, jalea, gelatina. Emma
  found strawberry **jelly** and prepared
  a sandwich.

jewel [djúel]
  Sustantivo, joya.

jewelry [djúelri]
  Sustantivo,
  joyas.

jigsaw [djígso]
Sustantivo,
puzzle.

job [djab]
Sustantivo **1.** trabajo. Dad likes his
job. 2. empleo. Sam's Mom has a
job at the post office. **3.** oficio.
Muffin's **job** is to frighten away
burglars.

join [djoyn]
Verbo **1.** hacerse
socio de. Cathy has
joined a riding club.
2. to join in participar.
"May I **join in?**" asked
Sam.

joke [djóuk]
Sustantivo **1.** chiste. **2.** broma.
Ben played a **joke** on Cathy and put
a beetle in her bed. **3. What sort of
joke is this?** ¿qué broma es ésta?

journey [djérni]
Sustantivo, viaje. The **journey** to the
coast takes two hours.

joy [djoy]
Sustantivo, alegría. Muffin jumped
for **joy** when he saw the children
coming.

jug [djag]
Sustantivo,
jarro.

juice [djus]
Sustantivo, jugo. Cathy is drinking a
glass of apple **juice.**

July [djuláy]
Sustantivo, julio.

jump [djámp]
Verbo, saltar.
Silky **jumped**
from the tree
onto the wall
and then down
to the ground.

jumper [djámper]
Sustantivo, suéter.
Ben has got his
jumper on inside out.

June [djun]
Sustantivo, junio.

jungle [djángl]
Sustantivo,
jungla.

just [djast]
Adverbio **1.** justo. Dad has **just** left.
2. sólo. "I have had **just** one
sandwich all day," complained Dad.
3. tan sólo. The bus stop is **just** around
the corner. **4. just as** exactamente.
Sam is **just as** untidy as Ben.

K

kangaroo [kengerú]
Sustantivo, canguro.
Kangaroos and
koalas come
from Australia.

keep, kept, has kept
[kip, kept, jaz kept]
Verbo **1.** quedarse con. Sam says
Ben can **keep** the comic. **2.** mantener.
Cathy's gloves will **keep** her hands

warm. **3.** guardar. Ben **keeps** his collection of badges in a drawer. **4. to keep doing something** continuar haciendo algo. Muffin **keeps** trying to steal the sausages while Mom is not looking!

kennel [kénel]
Sustantivo,
perrera.

kept [kept]
Ver **keep.**

kerosene [kérosen]
Sustantivo, keroseno. Mom bought a **kerosene** lamp, but nobody knew how to make it work.

ketchup [kétchap]
Sustantivo,
salsa de tomates.

kettle [ketl]
Sustantivo,
tetera.

key [ki]
Sustantivo, llave. Mom cannot find the car **keys.**

kick [kik]
Verbo **1.** patear. Cathy **kicked** her horse to make it go faster. **2.** golpear con el pie. Ben **kicked** the ball over the fence.

kind [káynd]
I. *Adjetivo*, amable. "It was very **kind** of you to get Emma from nursery school today," Mom told Mrs. Brown. **II.** *Sustantivo* **1.** especie. An eagle is a **kind** of bird. **2.** clase. "Which

kind of ice cream do you want?" asked Mom.

king [king]
Sustantivo,
rey.

kiss [kis]
I. *Sustantivo*, beso.
II. *Verbo*, besar. Granny **kissed** them all and then got on the train.

kitchen [kíchen]
Sustantivo, cocina. You know when Dad has been in the **kitchen** because it smells of burnt toast.

kite [kayt]
Sustantivo, volantín. Ben is flying his **kite** on the beach.

kitten [kíten]
Sustantivo,
gatito.

knee [ni]
Sustantivo, rodilla.

knew [nu]
Ver **know.** Cathy **knew** all the answers to the questions.

knife, knives [nayf, nayvs]
Sustantivo, cuchillo, cuchillos.

knight [nayt]
Sustantivo, caballero. Ben is riding his bicycle and is pretending to be a **knight** on a horse.

knit [nit]
Verbo, tejer. Granny is **knitting** a sweater for Emma.

knives [nayvs]
plural de **knife** cuchillos.

knock [nak]
I. *Sustantivo*, golpe. There was a **knock** at the door and Sam walked in.
II. *Verbo* **1.** golpear. Sam **knocked** on the door. **2.** voltear. Emma **knocked** the glass onto the floor.

knot [nat]
Sustantivo, nudo. Ben is tying Grandad's laces into a **knot.**

know, knew, has known
[nou, nu, jaz noun]
Verbo **1.** saber. "Do you **know** when the concert starts?" asked Kirsty.
2. conocer. "Do you **know** the girl in the blue jumper?" asked Cathy.

koala [koala]
Sustantivo, coala.

L

lace [leys]
Sustantivo, cordón de zapato. Ben has tied Grandad's **laces** together.

ladder [láder]
Sustantivo, escalera.

lady [léydi]
Sustantivo, señora, dama. "**Ladies** and gentlemen, boys and girls!" began the principal.

ladybug [léidybag]
Sustantivo, mariquita.

laid [leyd]
Ver **lay.**
Yesterday the builders **laid** the first stone of the future library.

lain [leyn]
Ver **lie.** Cathy has **lain** in bed all morning because she does not feel well.

lake [leyk]
Sustantivo, lago.

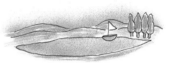

lamb [lam]
Sustantivo, cordero.

lamp [lamp]
Sustantivo, lámpara. Grandad switched the **lamp** on to read.

land [land]
I. *Verbo*, aterrizar. John's plane **landed. II.** *Sustantivo*, tierra, suelo.

lane [leyn]
Sustantivo **1.** camino. **2.** pista. The highway has six **lanes.**

language [lánguedj]
Sustantivo, idioma. Cathy learns two foreign **languages** at school: French and German.

lap [lap]
Sustantivo, regazo. Emma had to sit on Mom's **lap** because the bus was so full.

L

large

large [lardj]
Adjetivo, grande.

last [last]
Adjetivo **1.** último, última, últimos, últimas. Sam has eaten the **last** biscuit. **2. at last** finalmente. There was a long line at the supermarket but **at last** it was Mom's turn to pay.

late [leyt]
Adjetivo **1.** tarde. Ben missed the bus because he got up **late. 2. to be late** estar atrasado. Uncle Bill's plane **is** ten minutes **late.**

laugh [laf]
Verbo, reír.

lawn [lon]
Sustantivo, césped.

lawnmower [lónmouer]
Sustantivo, segadora. Dad wants to mow the lawn but the **lawnmower** is broken.

lay, laid, has laid [ley, leyd, jaz leyd]
Verbo **1.** poner. The farmer's hens **lay** many eggs every day. **2.** colocar. Cathy **laid** the spoons side by side.

lay [ley]
Ver **lie.** Ben **lay** in bed and read a comic book.

lazy [léyzi]
Adjetivo, perezoso. Sam is quite **lazy.** He does not like studying or playing sports.

lead, led, has led [lid, led, jaz led]
I. *Verbo* llevar, conducir. This road **leads** to the children's school.
II. *Sustantivo*, traílla. Muffin has dropped his **lead** in front of Ben to show that he wants to go for a walk.

leaf [lif]
Sustantivo, hoja. A **leaf** is green.

lean, leaned, has leaned [lin, lind, jaz lind]
Verbo **1. to lean against something** apoyar(se) contra algo. Dad **leaned** the ladder **against** the tree to help Ben down. **2. to lean over something** inclinar(se) sobre algo. Ben **leaned over** the neighbor's fence to look for his ball.

learn, learned, has learned [lern, lernd, jaz lernd]
Verbo aprender. Cathy **learns** German at school.

least [list]
Sustantivo **at least** por lo menos. There were **at least** a hundred people at the concert.

leather [léther]
Sustantivo, cuero.

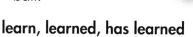

66

leave, left, has left [liv, left, jaz left]
Verbo **1.** marcharse. Uncle Bill is
leaving today. **2.** irse. The children
left the beach when it got dark.
3. dejar. The family has to **leave**
Muffin at home when they go to
church on Sunday. **4. to be left**
quedar. There **are** only two biscuits
left in the can.

leaves [livz]
Plural de **leaf**
hojas.

led [led]
Ver **lead.**

left [left]
I. *Ver* **leave.** Cathy **left** school at
four o'clock.
II. *Adjetivo,* izquierdo(s), izquierda(s).
Grandad writes with his **left** hand.
III. *Adverbio,* a la izquierda. Dad
drove **left** into the parking lot.

leg [leg]
Sustantivo,
pierna.

lemon [lémon]
Sustantivo,
limón.

lemonade [lemonéyd]
Sustantivo, limonada. Sam is
drinking a glass of **lemonade.**

lend, lent, has lent [lend, lent, jaz lent]
Verbo, prestar. Cathy **has lent** Kirsty
her new magazine.

less [les]
Adjetivo, menos. Ben usually has
less homework than Cathy.

lesson [léson]
Sustantivo, lección. Kirsty has
a piano **lesson** with the music
teacher today.

letter [léter]
Sustantivo
1. carta.
2. letra.

letterbox [léterbaks]
Sustantivo, buzón.

lettuce [létas]
Sustantivo,
lechuga.

level crossing [lével krósing]
Sustantivo, paso a nivel.
The cars had to
wait at the
level crossing
until the train
had passed.

library [láybreri]
Sustantivo, biblioteca. Ben has
borrowed a book about beetles from
the **library.**

lid [lid]
Sustantivo, tapa.

lie, lay, has lain [lay, ley, jaz leyn]
Verbo, acostarse.
Cathy is **lying**
in bed because
she has a
headache.

lie [lay]
Verbo, mentir.

life, lives [láif, láivz]
Sustantivo, vida, vidas.

L

lift

lift [lift]
  I. *Verbo*, levantar. The case was
so heavy that Grandad was not able
to **lift** it.
  II. *Sustantivo*, estímulo.

light, lighted, has lighted
[láit, láited, jaz láited]
  I. *Verbo*, iluminar,
encender. Mom is
lighting the candles
on the cake.
  II. *Sustantivo*, luz.
  III. *Adjetivo*, pálido. Sam is wearing
a **light** green T-shirt.

lightning [láytning]
  Sustantivo,
relámpago.

like [layk]
  I. *Verbo*, gustar. Sam **likes** all kinds
of food.
  II. *Preposición*, como, tal como. "That
dog looks **like** Muffin!" said Dad.

line [layn]
  Sustantivo, **1.** línea. "Please draw a
straight **line** across the page," said
the teacher. **2.** cuerda.

lion [láyen]
  Sustantivo,
león.

lip [lip]
  Sustantivo, labio.

liquid [líkuid]
  I. *Sustantivo*, líquido.
  II. *Adjetivo*, líquido.

list [list]
  Sustantivo, lista. Mom has made a
list of the things she has to buy at the
supermarket.

listen to [lísen tu]
  Verbo **1.** escuchar a. Emma is
listening to Grandad tell a story. **2. to
listen to the radio** escuchar la radio.

litter [líter]
  Sustantivo **1.** basura. **2.** camilla.
3. cama de paja. **4.** camada.

little [lítl]
  Adjetivo, poco, pequeño.

live [liv]
  Verbo **1.** residir. The Bridges **live** at
10 Park Street. **2.** vivir. Uncle Bill
and Aunt Sarah **live** in America.

lives [layvz]
  Plural de **life** vidas.

living room [líving rum]
  Sustantivo, sala.

loaf, loaves [louf, louvs]
  Sustantivo, pan,
panes.
Mom cut the
loaf into slices.

lock [lak]
  Verbo, cerrar con llave. Dad always
locks the door before he goes to bed.

loft [loft]
  Sustantivo, desván. There are
lots of old boxes and cases in
the **loft.**

lollipop [lálipap]
  Sustantivo,
pirulí.

lonely [lónli]
  Adjetivo, solitario, solo.

long [long]
Adjetivo, largo.
Kirsty has **long**
curly brown hair.

look [luk]
Verbo **1.** ver, verse. Cathy **looks** very pretty in her new dress. **2. to look after** cuidar. Cathy **looked after** Emma while Mom went shopping. **3. to look at** mirar. Emma is **looking at** her picture book. **4. to look for** buscar. Ben is **looking for** his satchel.

loose [lus]
Adjetivo, suelto. "Mom, one of my buttons is **loose**," said Ben.

lorry [lóri]
Sustantivo, camión (Inglaterra). *Ver también* **truck.**

lose, lost, has lost [luz, lost, jaz lost]
Verbo, perder. Cathy is sad because she **has lost** her favorite necklace.

lot [lat]
Adverbio, **1. a lot of** mucho, mucha. Sam has saved **a lot of** money for a new computer game. **2. lots of** muchos, muchas. Grandad grows **lots of** vegetables in the garden.

loud [laud]
Adjetivo, fuerte.

love [lov]
I. *Verbo* **1.** amar. Mom and Dad **love** their three children. **2.** gustar. Sam **loves** pizza. **II.** *Sustantivo,* amor.

lovely [lóvli]
Adjetivo, bonito. "We had a **lovely** time at the zoo, Mom!" said Ben.

low [lou]
Adjetivo, bajo.

luck [lak]
Sust. suerte. **1. good luck!** ¡Buena suerte! **2. bad luck** mala suerte.

lucky [laki]
Adjetivo **to be lucky** ser afortunado. Ben **was** very **lucky** and caught the bus even though he was late.

lunch [lanch]
Sustantivo, almuerzo.

Luxembourg [lúksemberg]
Sustantivo, Luxemburgo.

machine [mashín]
Sustantivo, máquina.

mad [mad]
Adjetivo, loco.

made [meyd]
Ver **make.**

magazine [mágazin]
Sustantivo, revista.

make, made, has made
[meyk, meyd, jaz meyd]
Verbo **1.** hacer. Cathy has to **make** her bed every morning. **2.** causar. Dad's joke **made** everybody laugh.

M

male

male [meyl]
Adjetivo, macho, masculino. Muffin is a **male** dog.

man [man]
Sustantivo, hombre.

many [méni]
Adjetivo, muchos, muchas. Cathy has **many** friends at school.

map [map]
Sustantivo, mapa.

marble [márbl]
Sustantivo, bolita. Ben likes playing **marbles** with his friend Sam.

March [march]
Sustantivo, marzo.

mark [mark]
Sustantivo, nota. Kirsty got a good **mark** for her homework.

market [márket]
Sustantivo, mercado. Mom always buys fruit and vegetables at the **market.**

marmalade [mármeleyd]
Sustantivo, mermelada.

marry [méri]
Verbo, casar(se). Mom and Dad got **married** in a church.

mask [mask]
Sustantivo, máscara.

match [mach]
Sustantivo **1.** partido, juego. Ben is playing in a football **match** against another team on Saturday.
2. cerilla, fósforo.

material [matírial]
Sustantivo, género, material. Mom bought **material** for a dress.

math [math]
Sustantivo, matemática. Kirsty's favorite subject is **math.**

mattress [mátres]
Sustantivo, colchón.

May [mey]
Sustantivo, mayo.

may, might [mey, mayt]
Verbo, poder. "**May** I have another piece of cake please?" asked Cathy.

maybe [méybi]
Adverbio, tal vez. "I cannot find Silky," said Cathy. "**Maybe** she is in the garden," replied Mom.

me [mi]
Pronombre **1.** mi. "Ben said that to **me**," said Grandad, "not to you."
2. me. "Daddy, Ben hit **me**!" cried Emma.

meal [mil]
Sustantivo, comida. Mom cooked a lovely **meal** for Dad's birthday.

mean, meant, has meant
[min, ment, jaz ment]
Verbo, significar. What does "binoculars" **mean?**

70

meat [mit]
Sustantivo, carne.

medicine [médisin]
Sustantivo,
medicamento. The
doctor gave Kirsty
some **medicine**
for her cold.

meet, met, has met [mit, met, jaz met]
Verbo **1.** encontrar(se). Ben and
Sam decided to **meet** in front of the
cinema. **2.** conocer(se). Mom and
Dad **met** in New Jersey.

melon [mélon]
Sustantivo,
melón.

melt [melt]
Verbo, fundir.
Emma's ice cream
melted in the sun.

men [men]
Plural de **man** hombres.

mend [mend]
Verbo, arreglar.
Dad helped
Ben **mend**
his bicycle.

mess [mes]
Sustantivo, desorden. Ben's
bedroom is a **mess.**

message [mésedj]
Sustantivo, mensaje. "Cathy is not at
home — do you want to leave a
message?" asked Dad.

met [met]
Ver **meet.**

metal [metl]
Sustantivo, metal.

mice [mays]
Plural de **mouse** ratones.

microphone [máykrofon]
Sustantivo,
micrófono.

midday [míddey]
Sustantivo **1.** mediodía. **2. at midday**
al mediodía. Dad sometimes comes
home for lunch **at midday.**

middle [midl]
Sustantivo **1.** mitad. **2. in the middle
of** en medio de. Do not stand **in the
middle of** the road!

midnight [mídnayt]
Sustantivo, medianoche. The new
year starts at **midnight** on December
31st.

might [mayt]
Ver **may.**

milk [milk]
Sustantivo,
leche.

mine [mayn]
Pronombre, mío, mía, míos, mías.
These are not your roller skates, they
are **mine.**

minute [mínet]
Sustantivo, minuto.

mirror [mírror]
Sustantivo,
espejo.

miss [mis]
Verbo **1.** echar de menos. Grandad
missed his family very much when he

71

M

Miss

was in the hospital. **2.** perder. Ben will **miss** the bus because he woke up late this morning.

Miss [mis]
Sustantivo, señorita. Cathy's new teacher is **Miss** Smith.

mistake [mistéyk]
Sustantivo **1.** error. **2. by mistake** por casualidad. Ben rang the neighbor's bell **by mistake.**

mix [miks]
Verbo, mezclar. If you **mix** blue and yellow you will get green.

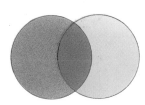

mom, mommy
[mam, mámi]
Sustantivo, mamá, mami.

moment [móument]
Sustantivo **1.** momento. Please wait a **moment.**

Monday [mándi]
Sustantivo, lunes. School starts **on Monday.**

money [máni]
Sustantivo, dinero. Granny gave Ben some **money** to buy a comic.

monkey [mánki]
Sustantivo, mono.

monster [mánster]
Sustantivo, monstruo.

month [manth]
Sustantivo, mes.

moon [mun]
Sustantivo, luna.

more [mor]
Adjetivo, más. Sam wants some **more** ice cream.

morning [mórning]
Sustantivo **1.** mañana. **2. Good morning!** ¡Buenos días!

most [moust]
I. *Adjetivo*, más. Grandad has the **most** time to do the gardening. **II.** *Sustantivo*, la mayor parte de. Sam spends **most** of his money on computer magazines.

mother [móther]
Sustantivo, madre.

motorbike [mótorbayk]
Sustantivo, motocicleta.

motorway [mótoruey]
Sustantivo, carretera.

mountain [máunten]
Sustantivo, montaña. Grandad used to like climbing **mountains** when he was young.

mountain bike [máunten bayk]
Sustantivo, bicicleta de montaña.

mouse, mice [máus, máis]
Sustantivo, ratón, ratones.

mouth [máuth]
Sustantivo, boca. "Please do not speak with your **mouth** full," scolded Mom.

move [muv]
Verbo, mover(se). "Hands up, do not **move!**" shouted the burglar.

movement [múvment]
Sustantivo, movimiento.

Mr. [míster]
Sustantivo, señor. **Mr.** Brown is the Bridges' neighbor.

Mrs. [mísez]
Sustantivo, señora. "Who is **Mrs.** Brown?" asked Ben.

much [mach]
I. Adjetivo, mucho, cuanto. "How **much** gravy do you want?" asked Mom.
II. Adverbio **(very) much** mucho. Ben does not like school **very much.**

mud [mad]
Sustantivo, barro. Sam had **mud** on his shoes because he walked through a field.

mug [mag]
Sustantivo, jarro. Granny likes to drink her tea out of a **mug.**

mugger [máger]
Sustantivo, asaltante.

museum [miuzíum]
Sustantivo, museo.

mushroom [máshrum]
Sustantivo, seta, hongo.

music [miúzik]
Sustantivo, música. Kirsty has lost the **music** for her next piano lesson.

music stand [miúzik stand]
Sustantivo, atril.

must [mast]
Verbo, tener que. Children **must** go to the dentist every six months.

my [may]
Pronombre, mi. "**My** little sister is three years old," Ben told his teacher.

myself [maysélf]
Pronombre, yo mismo, yo misma. "I baked this cake **myself,**" said Cathy.

N

nail [neyl]
Sustantivo, clavo.

name [neym]
Sustantivo, nombre. "What is your **name?**" asked Mrs. Brown. "My **name** is Cathy."

narrow [nárou]
Adjetivo, estrecho. This road is very **narrow.**

nature [néycher]
Sustantivo, naturaleza.

naughty [nóti]
Adjetivo, travieso. Ben was **naughty** and had to go to bed early.

near [níar]
Adverbio, cerca. Kirsty lives **near** the school.

necessary [néseseri]
Adjetivo, necesario. It is **necessary** for Muffin to go for a walk every day.

neck [nek]
Sustantivo, cuello.

necklace [nékles]
Sustantivo, collar.

need [nid]
Verbo, necesitar, faltar. Ben **needs** a new pair of shoes.

needle [nidl]
Sustantivo, aguja.

neighbor [néybor]
Sustantivo, vecino, vecina. Mrs. Brown is the Bridges' **neighbor.**

nephew [néfiu]
Sustantivo, sobrino.

nest [nest]
Sustantivo, nido. There are three eggs in the bird's **nest.**

net [net]
Sustantivo, red.

Netherlands [nétherlends]
Sustantivo, Países Bajos (Holanda).

never [névr]
Adverbio , nunca. Emma has **never** been to the circus before.

new [nu]
Adjetivo, nuevo, nueva.

news [nuz]
Sustantivo, noticias. The accident was on the **news** today.

newspaper [núzpeyper]
Sustantivo, periódico.

next [nekst]
I. *Adjetivo*, próximo, próxima, próximos, próximas. The school holidays start **next** week.
II. *Adverbio* **1. next to** al lado de. Cathy sits **next to** Mom at the table.
2. next-door de al lado. Mrs. Brown is the lady who lives **next-door.**

nice [nays]
Adjetivo **1.** amable. "It is very **nice** of you to help me," said Grandad.
2. agradable. It is **nice** weather today.
3. bien. Strawberries taste **nice.**

niece [nis]
Sustantivo, sobrina.

night [nayt]
Sustantivo
1. noche.
2. at night por la noche. Gerbils do not sleep **at night.**
3. Good night! ¡Buenas noches!

nine [nayn]
Adjetivo, nueve.

nineteen [nayntín]
Adjetivo, diecinueve.

ninety [náynti]
Adjetivo, noventa.

no [no]
Adverbio, no. "**No,** thank you!" said Ben when Sam offered him an apple.

nobody [nóbadi]
Pronombre, nadie. **Nobody** is at home.

nod [nod]
Verbo, asentir. "Do you want a biscuit?" asked Mom. Emma and Muffin **nodded.**

noise [noyz]
Sustantivo **1.** ruido. Ben heard some strange **noises** in the garage.
2. estrépito. "Stop that **noise!**" said Dad.

noisy [nóyzi]
Adjetivo, ruidoso. The teacher scolded the children for being **noisy** during the lesson.

none [non]
Pronombre, nadie, ninguno, nada. **None** of the children knew the correct answer.

north [north]
I. *Sustantivo*, norte.
II. *Adjetivo*, norte.

Norway [nóruey]
Sustantivo, Noruega.

Norwegian [noruídjen]
I. *Sustantivo*, noruego, noruega.
II. *Adjetivo*, noruego, noruega.

nose [nouz]
Sustantivo, nariz.

not [nat]
Adverbio, **not** + verbo = no. Ben does **not** like getting up early.

note [nout]
Sustantivo **1.** tomar nota. Mom made a **note** to buy Ben a new pair of socks.
2. nota. Ben left a **note** on the table saying that he had gone to Sam's house.
3. nota musical. Dad pulled a face because Cathy played the wrong **note** on her flute.

nothing [nóthing]
Pronombre, nada. Sam did not stop eating until there was **nothing** left on the plate.

notice [nótis]
Verbo, observar, notar. The math teacher **noticed** that Ben had fallen asleep during the lesson.

November [novémber]
Sustantivo, noviembre.

now [nau]
Adverbio, ahora. Cathy has finished her homework and is **now** reading a magazine.

nowhere [nóuer]
Adverbio, en ninguna parte.
"Muffin is **nowhere** in the house. I think he has run away," cried Ben.

number [námber]
Sustantivo, número. The Bridges family lives at **number** ten Park Street.

nurse [ners]
Sustantivo, enfermera.

nursery school [nérseri skul]
Sustantivo, jardín de infancia.

nut [nat]
Sustantivo, nuez.

O

ocean [óushen]
Sustantivo, océano.

o'clock [o'klák]
Adverbio at one **o'clock** a la una. Ben and Sam will meet in front of the cinema at two **o'clock.**

October [október]
Sustantivo, octubre. Many tree leaves turn brown in **October.**

of [ov]
Preposición, de. Ben drew a picture **of** Muffin.

off [of]
I. *Preposición*, de. Sam hurt his foot when he jumped **off** the wall into the garden.

II. *Adverbio*, apagado. The room was dark because the lights were all **off.**

office [ófis]
Sustantivo, oficina.

often [ófen]
Adverbio, frecuentemente. Children **often** have sandwiches for lunch.

oil [oyl]
Sustantivo, aceite o petróleo.

okay [okéy]
Interjección, de acuerdo.

old [old]
Adjetivo, viejo.

on [on] I. *Preposición*
1. sobre. Grandad put his pipe **on** the table.
2. en. Mom wants to hang the painting **on** the wall.
II. *Adjetivo*, encendido. The lights in the classroom were **on** because it was so dark outside.

once [uáns]
Adverbio **1.** una vez. Cathy goes riding **once** a week. **2. at once** en seguida. "Please do your homework **at once!**" advised the teacher.

one [uán]
I. *Adjetivo*, un, uno.
II. *Pronombre* **1.** uno. After using all his matches, Dad asked Ben "Have you got **one?**" **2. the one** el que, la que, los que, las que. Ben is **the one** who takes Muffin for a walk every day.

onion [ónyon]
Sustantivo,
cebolla.

only [ónli]
I. *Adjetivo,* único, única, únicos,
únicas. Ben owns the **only** mountain
bike in the family.
II. *Adverbio* **1.** solamente. There are
only three biscuits left. **2.** sólo. It is
only four o'clock now.

open [ópen]
I. *Verbo,* abrir.
Mom **opened**
the back door
to let Muffin into
the garden.
II. *Adjetivo* **1.** abierto.
Ben left the door
open when he went
out. **2. to be open** estar abierto. The
baker's **is open** until six o'clock.

opposite [óposit]
I. *Sustantivo,* contrario. "Cold" is the
opposite of "warm."
II. *Preposición,* al lado opuesto de.
Emma sits **opposite** Granny at dinner.

or [or]
Conjunción **1.** o. "Shall we go to the
zoo **or** to the circus?" Grandad
asked the children. **2. not...or**
ni...ni. Emma can**not** read **or** write
yet.

orange [órendj]
I. *Sustantivo,*
naranja.
II. *Adjetivo,*
anaranjado.

orange juice [órendj djus]
Sustantivo, jugo de naranja.

out 0

orchestra [órkestra]
Sustantivo, orquesta.

order [órder]
Verbo **1.** ordenar. The teacher
ordered the pupils to stand up.
2. pedir. Sam **ordered** a piece of cake
with whipped cream in the restaurant.

ostrich [óstrich]
Sustantivo,
avestruz.
An **ostrich** is a
large bird that
cannot fly.

other [óther]
Adjetivo, otro, otra, otros, otras.
Cathy and two **other** friends are
going riding tomorrow.

our [aur]
Adjetivo, nuestro. "Muffin is **our**
dog," Ben told the stranger.

ours [áurz]
Pronombre, el nuestro, la nuestra.
"There are three
cars parked
in the road —
the blue one
is **ours**," said
Dad.

ourselves [aursélvz]
Pronombre **1.** nos. We looked at
ourselves in the mirror. **2.** nosotros
mismos. "We baked this cake
ourselves!" said Cathy proudly.

out [aut]
Adverbio, fuera. "Get **out** of the
kitchen!" shouted Mom at Muffin.

outside [autsáyd]
I. *Adverbio,* fuera.
The children are
playing **outside**
in the snow.
II. *Preposición,* fuera de.
Dad is **outside** the house.

oval [óval]
Adjetivo,
oval.

over [óver]
I. *Preposición,* encima de. Muffin
jumped **over** the fence into the
neighbor's garden.
II. *Adverbio* **1.** acá, allá. "Can you
bring these tomatoes **over** to Mrs.
Brown," Mom asked Cathy.
2. terminado. The holidays will be
over in two weeks. **3. left over**
sobrante. "Are there any biscuits **left
over?**" asked Sam.

owl [ául]
Sustantivo,
lechuza.

own [oun]
I. *Verbo,* poseer. Ben **owns** a
mountain bike.
II. *Adjetivo,* propio. Cathy has got
her **own** room.

P

pack [pak]
Verbo, empacar.
Mom always
packs the
suitcases
when the
family goes on vacation.

packet [páket]
Sustantivo **1.** paquete. Sam bought
three **packets** of baseball cards.

pad [pad]
Sust. almohadilla.

paddle [padl]
Sustantivo,
remo.

page [péidj]
Sustantivo, página. "Please open your
books to **page** 24," said the teacher.

paid [peyd]
Ver **pay.** Sam **paid** for the cookies
with his pocket money.

paint [peynt]
I. *Verbo,*
pintar.
II. *Sustantivo,*
pintura.
Ben has got
black **paint**
all over his shirt.

painter [péynter]
Sustantivo, pintor.

painting [péynting]
Sustantivo, pintura.

pair [per]
Sustantivo, par. Ben needs a new
pair of shoes.

palace [pálas]
Sustantivo, palacio.

pale [peyl]
Adjetivo, pálido.

panda [panda]
Sustantivo,
panda.

paper [péypr]
Sustantivo **1.** papel. **2.** periódico.
The **paper** is delivered to the house
every morning.

parcel [parsl]
Sust. paquete.
A **parcel** has
arrived in the
mail for Cathy.

pardon [párdon]
Interjección, ¿perdón? "**Pardon?**
Could you repeat that please — I did
not hear you," said Grandad.

parents [pérents]
Sustantivo, padres.

park [park]
I. Sust. parque.
Granny took
Emma for a
walk in the **park.**
II. Verbo,
estacionar.
Dad **parked**
the car.

parrot [párot]
Sustantivo,
papagayo.

part [part]
Sustantivo **1.** parte. "Which **part** of
the film did you like best?" asked
Cathy. **2.** papel (teatral). Kirsty is
playing the **part** of the queen in the
school play.

partner [pártner]
Sustantivo, socio, socia.

party [párti]
Sustantivo, fiesta. Cathy is having a
party on her birthday next Saturday.

pass [pas]
Verbo **1.** pasar. Dad **passes** the
post office on his way to work every
day. **2.** adelantar. The school bus
passed Dad's car on the road.
3. aprobar. Cathy **passed** all her
exams. **4.** cruzarse. They **passed**
each other on their way to math
class.

passenger [pásendjer]
Sustantivo, pasajero,
pasajera.

passport [pásport]
Sustantivo, pasaporte.

past [past]
Preposición **1.** por delante de. Dad
walks **past** the post office every
morning. **2.** después. "Hurry up Ben!
It is already ten **past** eight — you will
miss the bus," warned Mom.

pat [pat]
Verbo, dar
palmaditas.
Ben **patted** Muffin
on the back.

path [path]
Sustantivo, senda. The children
walked along the **path** through the
wood.

patient [péyshent]
Sustantivo,
paciente,
(masc. & fem.).

pavement [péyvment]
Sustantivo, pavimento. You are not
allowed to ride a bicycle on the
pavement.

paw [po]
   Sustantivo,
   pata.

pay, paid, has paid [pey, peyd, jaz peyd]
   Verbo, pagar. Ben **paid** for the
   comic with his pocket money.

payment [péyment]
   Sustantivo, pago. Cathy received
   payment for lawn mowing on Friday.

pea [pi]
   Sustantivo, guisante.

peach [pich]
   Sustantivo,
   melocotón.

peanut [pínat]
   Sustantivo, cacahuete.

pear [per]
   Sustantivo, pera.
   Ben is helping
   Grandad pick
   some **pears** from
   the tree in the
   garden.

pedestrian [pedéstrien]
   Sustantivo, peatón,
   peatona.

pedestrian crossing [pedéstrien krósing]
   Sustantivo, paso para peatones.
   "You must only cross the road at the
   pedestrian crossing," warned the
   policeman.

peel [píyl]
   I. *Verbo*, pelar.
   Sam is **peeling**
   a banana.
   II. *Sustantivo*, cáscara. Ben threw
   the orange **peel** into the garbage.

peg [peg]
   Sustantivo,
   pinza.

pen [pen]
   Sustantivo, estilográfica, pluma fuente.

pence [pens]
   Plural de **penny** centavos.

pencil [pénsl]
   Sustantivo,
   lápiz.

penguin [pénguin]
   Sustantivo,
   pingüino.

penknife [pénnayf]
   Sustantivo,
   cortaplumas.
   Grandad used
   a **penknife** to
   cut the rope.

penny, pence [péni, pens]
   Sustantivo, centavo, centavos.
   She had a **penny** in her pocket.

people [pipl]
   Sustantivo, personas, gente. New York
   is a big city — many **people** live there.

pepper [péper]
   Sustantivo **1.** pimienta.
   2. pimiento.
   There are red,
   yellow, orange,
   and green **peppers.**

peppermint [péperment]
   Sustantivo, menta. Sam is eating a
   peppermint candy.

perhaps [perjáps]
   Adverbio , tal vez. "**Perhaps** Sam can
   stay for dinner tonight," said Mom.

person [pérsen]
Sustantivo, persona. This tent is only big enough for one **person.**

pet [pet]
Sustantivo, animal doméstico. The Bridges family has four **pets** — Muffin the dog, Silky the cat, Florrie the budgie, and Harvey the hamster.

pharmacist [fármacist]
Sustantivo, farmacéutico.

pharmacy [fármasi]
Sustantivo, farmacia.

phone [fóun]
I. Sustantivo, teléfono.
II. Verbo, telefonear. Cathy is **phoning** Kirsty to ask about the homework.

phone number [fóun námber]
Sustantivo, número de teléfono. "What is your **phone number?**" asked Ben. "654-7321," replied Sam.

photograph [fótograf]
Sustantivo, foto.

piano [piáno]
Sustantivo, piano.

pick [pik]
Verbo 1. escoger. Cathy is **picking** some flowers for Granny. 2. **to pick up** recoger. Dad **picked** the pencil **up** from the floor. 3. **to pick up** buscar. Dad and Ben are **picking** Aunt Sarah **up** from the station.

picnic [píknik]
Sustantivo 1. excursión campestre. 2. **to have a picnic** tener un picnic. The Bridges family is **having a picnic.**

picture [píksher]
Sustantivo, cuadro. Ben drew a **picture** of Muffin.

picture book [píksher buk]
Sustantivo, libro de imágenes.

piece [pis]
Sustantivo, pedazo. "May I have another **piece** of chocolate, please?" asked Emma.

pig [pig]
Sustantivo, cerdo.

pigeon [pídjen]
Sustantivo, paloma.

piglet [píglet]
Sustantivo, cerdito.

pile [páyl]
Sustantivo, montón. There is a **pile** of toys in Ben's bedroom.

pillow [pílou]
Sustantivo, almohada.

pilot [páylot]
Sustantivo, piloto.

pin [pin]
I. Sustantivo, alfiler.
II. Verbo, fijar. Sam **pinned** a badge to his T-shirt.

pineapple [páynapl]
Sustantivo,
ananás.

pink [pink]
Adjetivo, rosado.

pipe [páyp]
Sustantivo, pipa. Grandad is
smoking his **pipe.**

pirate [páyret]
Sustantivo,
pirata.

pity [píti]
Sustantivo **1. what a pity!** ¡qué
lástima! **2. it is a pity** es una lástima.
"**It is a pity** that you cannot come
with us," said Cathy.

pizza [pítza]
Sustantivo,
pizza.

place [pleys]
Sustantivo, lugar. Ben and Sam
found a good **place** from which to
watch the race.

plan [plan]
Verbo, planear. The family is
planning to go to the seashore for
summer vacation.

plane [pléyn]
Sustantivo,
aeroplano.

plant [plant]
I. *Sustantivo*,
planta.
II. *Verbo*, plantar.
Grandad is **planting**
rose bushes in the garden.

plaster [pláster]
I. *Sustantivo*, **1.** parche medicinal.
2. yeso. **II.** enyesar.

plastic [plástik]
Adjetivo, plástico. The Bridges
family always use **plastic** cups and
plates on picnics.

plate [pleyt]
Sustantivo,
plato.

platform [plátform]
Sustantivo, andén. The train to
London is leaving from **platform** two.

play [pléy]
I. *Verbo*, jugar.
Ben and Sam
like **playing**
cowboys and Indians.
II. *Sustantivo*,
obra teatral.

player [pléyer]
Sustantivo, jugador, jugadora.
There are eleven **players** in a hockey
team.

playground [pléygraund]
Sustantivo,
1. patio de recreo.
The children
are in the
playground.
2. lugar favorito.

playing field [pléying fild]
Sustantivo, campo deportivo, cancha.

pleasant [plésent]
Adjetivo, agradable. Aunt Sarah's
visit was a **pleasant** surprise.

please [pliz]
Interjección, por favor. "May I have an ice cream, **please?**" asked Cathy.

plenty [plénti]
Sustantivo **plenty of** bastante. There are **plenty of** cookies in the box.

plum [plam]
Sustantivo,
ciruela.

pocket [póket]
Sustantivo, bolsillo. This pair of jeans has five **pockets.**

pocket money [póket máni]
Sustantivo, moneda.

poem [póem]
Sustantivo, poema.

point [poynt]
Verbo, señalar.
"Oh look,
Mommy!"
cried Emma
and **pointed**
at the donkey.

police [polís]
Sustantivo, policía (en general).

police officer
[polís óficer]
Sustantivo,
el, la policía
(persona).
The **police
officer** told
Dad to slow down.

police station [polís stéyshen]
Sustantivo, comisaría de policía. The burglar was arrested and taken to the **police station.**

polish [pólish]
I. *Sustantivo* **1.** betún de zapatos.
2. cera o líquido para limpiar o pulir.
II. *Verbo*, pulir.

polite [poláyt]
Adjetivo, cortés. It is **polite** to say "please" and "thank you."

pond [pond]
Sustantivo,
estanque.

pony [póni]
Sustantivo,
caballito, poni.
Cathy is allowed
to ride the
farmer's **pony.**

poor [pur]
Adjetivo, pobre.

popcorn [pápkorn]
Sustantivo,
rosetas.

pork [pork]
Sustantivo, carne de cerdo.

Portugal [pórchugal]
Sustantivo, Portugal.

Portuguese [pórchugiz]
I. *Sustantivo*, portugués, portuguesa.
II. *Adjetivo*, portugués, portuguesa.

possible [pásebl]
Adjetivo, posible. "When do you want to go to the zoo?" asked Grandad, "Tomorrow, if **possible,**" replied Ben.

post [poust]
Sustantivo, poste, estaca.
The truck hit the lamp**post.**

postcard

postcard [póustkard]
Sustantivo,
tarjeta postal.

poster [póuster]
Sustantivo, poster, cartel.

postman (Inglaterra) o
mail carrier (E.U.A.)
[póustman, méil kárrier]
Sustantivo, cartero.
The **mail carrier**
always brings
the mail at
seven o'clock
in the
morning.

post office [póust ófis]
Sustantivo, oficina de correos.

pot [pat]
Sustantivo, olla.
Mom boiled
milk in a
pot for Emma.

potato, potatoes [potéyto, potéytos]
Sustantivo, papa, papas.

pound [paund]
Sustantivo, libra. Mom bought four
pounds of apples at the market.

pour [pur]
Verbo, verter. Ben **poured** some milk
into his glass.

powder [páuder]
Sustantivo, polvo.

practice [práktes]
Verbo, practicar.
Cathy has to
practice the flute
every day.

pram (Inglaterra) o
baby carriage
(E.U.A.) [pram,
béibi káridj]
Sustantivo,
cochecito de bebé.

prayer [préar]
Sustantivo, oración. The children say
a **prayer** before going to bed.

prefer [prifér]
Verbo, preferir. Sam **prefers**
chocolate to bananas.

prepare [pripér]
Verbo, preparar. Mom is **preparing**
a meal for dinner tonight.

present [prézent]
I. *Sustantivo*,
regalo.
II. *Adjetivo*, presente.
All the pupils are **present** at school
today — nobody is absent.

president [prézident]
Sustantivo, presidente.
Who is the **president**
of this club?

press [pres]
Verbo, apretar. Ben **pressed** the
button and waited for the elevator to
arrive.

pretend [priténd]
Verbo, fingir. Ben is **pretending**
to be doing his homework so that
he does not have to go shopping
for Mom!

pretty [príti]
Adjetivo, bonita. Cathy is a very
pretty girl.

prevent [privént]
Verbo, evitar. Ben closed the garden gate in order to **prevent** Muffin from escaping.

price [prays]
Sustantivo, precio. "What is the **price** of those sausages?" Mom asked the butcher.

priest [prist]
Sustantivo, cura, sacerdote.

prince, princess [prins, prínses]
Sustantivo, príncipe, princesa.

prison [prízen]
Sustantivo, cárcel. The burglar was sent to **prison** for stealing four cars.

private [práyvat]
Adjetivo, privado.

prize [prayz]
Sustantivo, premio. Kirsty won first **prize** in the music competition.

program [prógram]
Sustantivo, programa. Ben sometimes watches a children's **program** on television.

promise [prómis]
Verbo, prometer. Granny has **promised** to take the children to the circus on the weekend.

proper [próper]
Adjetivo, correcto. "Please put the toys back in the **proper** place," said Mom.

protect [protékt]
Verbo, proteger. Many people have dogs to **protect** themselves against burglars.

proud [praud]
Adjetivo, orgulloso, orgullosa. Kirsty is very **proud** of winning the first prize in the music competition.

pub [pab]
Sustantivo, taberna.

pudding [púding]
Sustantivo, budín.

puddle [padl]
Sustantivo, charco.

pull [pul]
Verbo, jalar, tirar. They **pulled** at the toy until it broke.

pumpkin [pámpkin]
Sustantivo, calabaza.

punish [pánish]
Sustantivo, castigar. Mom **punished** Muffin because he stole the sausages when she was not looking.

pupil [piúpl]
Sustantivo, alumno, alumna. There are twenty-six **pupils** in Ben's class.

puppy [pápi]
Sustantivo, perrito. Muffin was given to Ben when he was just a little **puppy.**

purple [pérpl]
Adjetivo, púrpura.

P

purpose

purpose [pérpos]
Sustantivo **1.** propósito. **2. on purpose** a propósito. Sam has forgotten his sneakers **on purpose** so that he will not have to take part in gym class.

purse [pers]
Sustantivo, bolsa.

push [push]
Verbo, empujar. Cathy likes **pushing** Emma in the baby carriage.

put, put, has put [put, put, jaz put]
Verbo **1.** colocar. "**Put** your empty glass on the table," Mom told Ben. **2.** poner. Dad **put** the newspaper in the basket after he had finished reading it. **3.** meter. Cathy **put** her hands in her pockets because they were cold. **4. to put on** ponerse. Ben is **putting on** his shoes.

pyjamas, pajamas
[paydjamas, padjamas]
Sustantivo, pijama.

pyramid [píremed]
Sustantivo, pirámide.

Q

quarter [kuórter]
Sustantivo, cuarto. "What is the time, Mom?" asked Ben. "**Quarter** past three."

queen [kuin]
Sustantivo, reina.

quest [kuést]
Sustantivo, búsqueda.

question [kuéschen]
Sustantivo, pregunta. The people standing on line asked the butcher a lot of **questions.**

quick [kuík]
Adjetivo, rápido. "Please be **quick,** Ben, or you will miss the school bus," scolded Mom.

quiet [kuáyet]
Adjetivo **1.** tranquilo. The Bridges family lives on a **quiet** street. **2.** callado. "Shh, be **quiet** or you will wake Emma," whispered Granny.

quite [kuáyt]
Adverbio, muy. It is raining **quite** hard.

quiz [kuíz]
Sustantivo, examen.

R

rabbit [rábit]
Sustantivo, conejo.

race [reys]
Sustantivo, carrera. Sam came last in the **race.**

racket [ráket]
Sustantivo, raqueta. Mom has a new tennis **racket.**

radio [réydio]
Sustantivo,
radio.

railway [réyluey]
Sustantivo,
ferrocarril.

rain [reyn]
I. Sustantivo, lluvia.
II. Verbo, llover. Ben cannot play football with Sam because it is **raining.**

rainbow [réynbou]
Sustantivo,
arco iris.
There are
seven colors
in a **rainbow.**

raincoat [réynkout]
Sustantivo, impermeable.

raisin [réyzin]
Sustantivo, pasa.

ran [ran]
Ver **run.** Ben **ran** to the bus because he was late.

rang [rang]
Ver **ring.** The telephone **rang** and a friend asked for Sam.

rarely [rérli]
Adverbio, raramente. Cathy **rarely** forgets to do her homework.

raspberry [rázberi]
Sustantivo,
frambuesa.

rat [rat]
Sustantivo,
rata.

rather [ráther]
Adverbio **1.** más bien. "Which dress would you **rather** have, Cathy — the blue one or the red one?" asked Mom. **2.** bastante. Ben's room is **rather** untidy.

raw [ro]
Adjetivo, crudo. Emma is eating a **raw** carrot.

reach [rich]
Verbo, llegar a. Dad **reached** the station ten minutes before Aunt Sarah's train arrived.

read, read, has read
[rid, red, jaz red]
Verbo, leer.
Mom is **reading**
Emma a story
about ghosts.

ready [rédi]
Adjetivo **1.** listo. "Are you **ready** to go?" asked Dad. **2. on your mark, ready, go!** en sus marcas, listos, ¡ya!

real [ril]
Adjetivo, verdadero, real. Cathy's necklace is made of **real** gold.

really [ríli]
Adverbio, de veras, verdaderamente. "Mom, I **really** want to see the film," said Sam.

receive [risív]
Verbo, recibir. Cathy **received** a letter from Aunt Sarah.

record [rékord]
Sustantivo,
disco.

recorder [rikórder]
Sustantivo,
flauta dulce.

rectangle [rektángl]
Sustantivo, rectángulo.

red [red]
Adjetivo, rojo.

refuse [rifiúz]
Verbo, negarse a. Ben **refused** to go shopping with Mom because he wanted to watch television.

regret [rigrét]
Verbo, lamentar. Dad **regrets** forgetting to close the back gate because now Muffin has run away.

relative [rélativ]
Sustantivo, pariente. Uncle Bill and Aunt Sarah are Ben and Cathy's **relatives.**

religion [rilídjen]
Sustantivo, religión.

remember [rimémber]
Verbo **1.** recordar. Ben can **remember** the day when Muffin came to live with them. **2.** acordarse. "Will you please **remember** to water the plants while we are on holiday?" Dad asked the neighbor.

remind [rimáynd]
Verbo, recordar algo a. Mom had to **remind** Ben at least five times to clean his room.

repair [ripér]
Verbo, reparar. Mom asked Dad to **repair** the iron.

repeat [ripít]
Verbo, repetir. The teacher asked Cathy to **repeat** the answer so that everyone was able to hear.

reply [ripláy]
Verbo, contestar, responder.

report [ripórt]
Verbo, contar, reportar. Dad **reported** to the police that the television had been stolen.

reporter [ripórter]
Sustantivo, reportero, reportera. Kirsty wants to be a **reporter** for a newspaper one day.

rescue [réskiu]
Verbo, salvar.

rest [rest]
I. *Sustantivo* **1.** descanso. **2.** reposo. **3. to have a rest** desansar un rato. **II.** *Verbo*, descansar. Granny is **resting** in her rocking chair.

restaurant [réstorant]
Sustantivo, restaurante.

result [rizólt]
Sustantivo, resultado. Cathy got a good **result** on the math test.

return [ritérn]
Verbo, regresar. Granny and Grandad are **returning** from their holiday tomorrow.

reward [riuórd]
Sustantivo, premio, recompensa. Grandad gave Sam a bar of chocolate as a **reward** for finding his pipe.

rhinoceros [raynáseros]
Sustantivo,
rinoceronte.

rhyme [ráym]
Verbo, rimar. Kite **rhymes** with night.

rice [ráys]
Sustantivo, arroz.

rich [rich]
Adjetivo, rico.

rid of [rid ov]
Verbo **to get rid of something** desembarazarse de. Ben just cannot **get rid of** the wasp that is flying around his head.

ride, rode, has ridden
[ráyd, rod, jaz ríden]
Verbo **1.** cabalgar. Cathy learned to **ride** when she was six years old. **2.** ir en. Sam **rode** to school on his bicycle.

right [ráyt]
I. *Adjetivo* **1.** justo. "It is **right** to believe that all people are equal," said Dad. **2.** correcto. Ben had three **right** answers on the math test.
II. *Adverbio* **1.** a la derecha. The car turned **right** onto Park Street. **2.** exactamente. Mom put the candle **right** in the middle of Cathy's cake.

ring, rang, has rung [ring, rang, jaz rang]
I. *Verbo* **1.** sonar. Muffin always barks when the telephone **rings.**
2. llamar por teléfono.
II. *Sustantivo,* anillo, aro.

ripe [rayp]
Adjetivo, maduro.

rise, rose, has risen
[rayz, rouz, jaz rízen]
Verbo, levantar(se). The sun always **rises** in the east.

river [ríver]
Sustantivo,
río.

road [róud]
Sustantivo, camino.

roast [róust]
I. *Verbo,* asar. Mom is **roasting** the beef in the oven for lunch.
II. *Sustantivo,* asado.

rob [rab]
Verbo, robar. Two men tried to **rob** the bank yesterday.

rock [rak]
Sustantivo,
piedra.

rocket [ráket]
Sustantivo,
cohete.

rocking chair [ráking cher]
Sustantivo, mecedora. Granny likes sitting in the **rocking chair** in front of the fire.

rocking horse [ráking jors]
Sustantivo,
caballo mecedor.

rode [roud]
Ver **ride.** Ben **rode** to school on his mountain bike.

roll [rol]
I. *Sustantivo,* panecillo.
II. *Verbo,* rodar. Emma **rolled** the ball to Muffin.

roller skate [róler skeyt]
I. *Sustantivo,* patín de ruedas.
II. **to roller-skate** *Verbo,* patinar sobre ruedas.

roof [ruf]
Sustantivo, techo. Silky climbed on the **roof** to try to catch the birds.

room [rum]
Sustantivo **1.** cuarto. **2.** espacio. "Is there **room** in the suitcase for my skateboard?" asked Ben.

root [rut]
Sustantivo, raíz.

rope [róup]
Sustantivo, cuerda.

rose [rouz]
I. *Sustantivo,* rosa.
II. *Ver* **rise.**
Everyone was still asleep when the sun **rose** this morning.

rough [raf]
Adjetivo, áspero, rudo, tempestuoso. The sea was quite **rough** when Ben and Dad went fishing.

round [ráund]
Adjetivo, redondo. "Wheels are **round,** not square!" said Dad laughing.

roundabout [raundabáut]
Sustantivo, tiovivo.

row [rou]
I. *Sustantivo,* fila. Mom and Dad sat in the front **row** at the school play.
II. *Verbo,* remar.

rub [rab]
Verbo, frotar. Ben is **rubbing** his hands because they are cold.

rubber [ráber]
Sustantivo, goma.

rubbish [rábesh]
Sustantivo, basura. "Don't throw your **rubbish** on the ground," scolded Mom.

rude [rud]
Adjetivo, descortés. The principal scolded the student for being **rude** to the teacher.

rugby [rágbi]
Sustantivo, rugby. Ben does not like playing **rugby** because it is quite a rough game.

rule [rul]
Sustantivo, regla. It is against the **rules** to run in the corridors at school.

ruler [rúler]
Sustantivo, regla.

run, ran, has run [ran, ran, jaz ran]
Verbo, correr. Ben can **run** faster than Sam.

rung [rang]
Ver **ring.** Ben has **rung** the neighbor's bell by mistake.

rush [rash]
Verbo, apresurar(se), precipitar(se). "You will have to **rush** if you want to catch the bus," said Dad.

Russia [rásha]
Sustantivo, Rusia.

Russian [ráshan]
I. Sustantivo, ruso, rusa.
II. Adjetivo, ruso, rusa.

S

sad [sad]
Adjetivo, triste. Emma is **sad** because Uncle Bill is leaving today.

saddle [sadl]
Sustantivo, montura.

safe [seyf]
Adjetivo, seguro. Sam always puts his pocket money in a **safe** place under the mattress.

said [sed]
Ver **say.** "Tea is ready," **said** Mom.

sail [seyl]
I. Sustantivo, vela.
II. Verbo, navegar.
Ben wants to have a boat and **sail** around the world when he grows up.

sailor [séyler]
Sustantivo, marinero.

salad [sálad]
Sustantivo, ensalada.

salt [solt]
Sustantivo, sal.

same [seym]
Adjetivo, mismo, misma, mismos, mismas. Ben is the **same** age as Sam.

sand [sand]
Sustantivo, arena.

sandal [sándal]
Sustantivo, sandalia.

sandwich [sánduich]
Sustantivo, emparedado. Sam always eats five cheese and tomato **sandwiches** for lunch at school.

sang [sang]
Ver **sing.** Dad **sang** very loudly in the shower.

sat [sat]
Ver **sit.** Emma **sat** on Mom's lap.

satchel [sáchel]
Sustantivo, maletín.

Saturday [sáterdey]
Sustantivo **1.** sábado. **2. on Saturdays** los sábados.

sauce [sos]
Sustantivo, salsa. Ben loves spaghetti with tomato **sauce.**

saucepan [sóspan]
Sustantivo,
cacerola.

saucer [sóser]
Sustantivo,
platillo.

sausage [sósedj]
Sust. salchicha.
Muffin is trying
to reach the
sausages
on the table.

save [séyv]
Verbo **1.** ahorrar. Sam is **saving** his
pocket money for a new computer
magazine. **2.** salvar. Cathy had to
save Silky when she fell into the
pond.

saw [so]
Ver **see.** Cathy **saw** the neighbor fall
off his bike.

saw, sawed, has sawn
[so, sod, jaz son]
I. *Verbo*, serrar.
Grandad is **sawing**
the wood into
small pieces.
II. *Sustantivo*, sierra.

say, said, has said [sey, sed, jaz sed]
Verbo, decir. "I am nine years old,"
said Ben.

scales [skeyls]
Sustantivo, balanza.
The butcher
weighed the
meat on the **scales**.

scarf, scarves [skarf, skarvs]
Sustantivo, bufanda, bufandas.

school [skul]
Sustantivo, escuela.

school report [skul ripórt]
Sustantivo, calificaciones escolares.

scissors [sízers]
Sustantivo **a pair
of scissors** tijeras.

scold [skold]
Verbo, regañar. The teacher **scolded**
Ben for coming to school late.

scooter [skúter]
Sustantivo,
patinete.

score [skor]
Verbo **to score a goal** apuntar(se).
Ben **scored** three goals during the
football match.

Scotland [skátland]
Sustantivo, Escocia.

Scottish [skátish]
Sustantivo **1.** escocés. **2. he/she is
Scottish** él es escocés, ella es escocesa.

scout [skaut]
Sustantivo, explorador.

scratch [skrach]
Verbo, arañar. Silky **scratched**
Emma when she tried to pick her up.

scratchy [skráchi]
Adjetivo, áspero. "Mom, this sweater
is **scratchy**," complained Ben.

screw [skru]
I. *Sustantivo*,
tornillo.
II. *Verbo*, atornillar. Dad **screwed**
the handle back on the door after
Ben had pulled it off by accident.

screwdriver [skrúdrayver]
Sustantivo,
atornillador.

sea [si]
Sustantivo, mar.

seagull [sígal]
Sustantivo,
gaviota.

seal [siel]
Sustantivo,
foca.

seashore [síshor]
Sustantivo, costa.

season [sízon]
Sustantivo, estación. Summer is the
warmest **season** of the year.

seat [sit]
Sustantivo, asiento. Mom and Dad
had **seats** in the front row at the
school play.

seatbelt [sítbelt]
Sustantivo, cinturón
de seguridad.
You must always
put your **seatbelt**
on in a car.

second [sékond]
  I. *Sustantivo*, segundo.
  II. *Adjetivo*, segundo(s), segunda(s).
Ben has missed the school bus for the
second time this week.

secret [síkret]
Sustantivo, secreto.
Cathy is angry that Ben
will not tell her his **secret.**

see, saw, has seen [si, so, jaz sin]
Verbo, ver. Have you **seen** my
glasses anywhere?" asked Granny.

seed [sid]
Sustantivo, semilla. Grandad is
planting some flower **seeds** in the
garden.

seem [sim]
Verbo, parecer.
"Grandad **seems**
to be reading the
newspaper, but I
think that he is
asleep," whispered
Ben.

seen [sin]
Ver **see.**

seesaw [síso]
Sustantivo,
balancín.

self-service restaurant
  [self-sérvis réstorant]
Sustantivo, restaurante de
autoservicio.

sell, sold, has sold
  [sel, sold, jaz sold]
Verbo, vender. A supermarket **sells**
all kinds of different things.

send, sent, has sent
  [send, sent, jaz sent]
Verbo, enviar.

sentence [séntens]
Sustantivo, frase, oración.

September [septémber]
Sustantivo, septiembre.

serious [sírios]
Adjetivo, serio, seria.

serve [serv]
Verbo, servir. The waitress who was **serving** the Bridges family in the restaurant spilled the soup all over Dad!

set, set, has set [set, set, jaz set]
Verbo, poner.
The sun always
sets in the west.

seven [séven]
Adjetivo, siete.

seventeen [seventín]
Adjetivo, diecisiete.

seventy [séventi]
Adjetivo, setenta.

several [séveral]
I. *Adjetivo*, varios, varias. Ben has missed the bus **several** times.
II. *Pronombre*, algunos. **Several** of Cathy's friends are coming to her party.

sew, sewed, has sewn
[so, soud, jaz soun]
Verbo, coser.
Mom is **sewing**
Emma a new dress.

shade [sheyd]
Sustantivo, sombra. Muffin likes to lie in the **shade** because it is not so hot there.

shadow [shádo]
Sustantivo, sombra. Muffin is chasing his own **shadow.**

shake, shook, has shaken
[sheyk, shuk, jaz shéyken]
Verbo, sacudir. Ben **shook** the branch and three apples fell down.

shame [sheym]
Sustantivo, vergüenza.

shampoo [shampú]
Sustantivo, champú.

shape [sheyp]
Sustantivo, forma.

share [sher]
Verbo, compartir. "Do you want to **share** this piece of cake with me?" Cathy asked Kirsty.

shark [shark]
Sustantivo,
tiburón.

sharp [sharp]
Adjetivo, agudo, afilado. "Do not cut yourself — that knife is very **sharp**," warned Mom.

shave [sheyv]
Verbo, afeitar(se).
Uncle Bill has to
shave every
morning.

shaver [shéyver]
Sustantivo, máquina de afeitar.

she [shi]
Pronombre, ella. Cathy is Ben's sister. **She** is twelve years old.

sheep, sheep [ship]
Sustantivo,
oveja,
ovejas.

sheet [shet]
Sustantivo **1.** sábana. **2.** hoja de papel. Cathy wrote a letter to Aunt Sarah on a blue **sheet** of paper.

shelf [shelf]
Sustantivo, estante.
Dad is building **shelves**
for the living room.

shell [shel]
Sustantivo,
concha.

shelves [shelvz]
Plural de **shelf** estantes.

shepherd [shéperd]
Sustantivo,
pastor.

shine, shone, has shone
[shayn, shoun, jaz shoun]
Verbo, brillar. The sun is **shining**
today.

ship [ship]
Sustantivo,
barco.

shirt [shert]
Sustantivo, camisa.

shoe [shu]
Sustantivo, zapato.
Dad always takes
off his **shoes** when
he comes home from
work and puts
on his slippers.

shoe polish [shu pólish]
Sustantivo, betún.

shone [shoun]
Ver **shine**. The sun **shone** all day
today.

shook [shuk]
Ver **shake**.
Mom **shook**
the rain from the umbrella.

shop [shop]
Sustantivo, tienda. Ben bought roller
skates at the **shop.**

shopping [shoping]
Sustantivo, **to do the shopping**
hacer las compras.

short [short]
Adjetivo, corto.
Cathy likes to
wear **short** skirts.

shorts [shortz]
Sust. calzoncillos.

shoulder [shólder]
Sustantivo, hombro.

shout [shaut]
Verbo, gritar. Ben had to **shout**
because the noise from the traffic
was so loud.

show, showed, has shown
[shou, shoud, jaz shoun]
Verbo, mostrar. "Can you **show** me
the way to the post office, please?"
asked Ben.

shower [sháuer]
Sustantivo
1. ducha.
**2. to take a
shower** ducharse.

shown [shoun]
Ver **show**.

shut, shut, has shut [shat, shat, jaz shat]
Verbo, cerrar. The shop doors are
shut at six o'clock.

shy [shay]
Adjetivo, vergonzoso. Emma was
too **shy** to speak and hid behind her
mommy.

sick [sik]
Adjetivo **1.** enfermo. **2. I feel sick** me
siento enfermo. **3. to be sick** estar
enfermo. Sam was **sick** on the boat.

side [sayd]
Sustantivo, lado.
In Britain, cars
drive on the left
side of the road.

sign [sayn]
Sustantivo, señal.

silence [sáylens]
Sustantivo, silencio. "**Silence** in the
classroom!" shouted the teacher.

silly [síli]
Adjetivo, tonto. "What a **silly** dog!
Muffin is trying to chase his own
tail!" laughed Mom.

silver [sílver]
Sustantivo, plata.

similar [símilar]
Adjetivo, similar, parecido. Granny
and Mom are wearing **similar** dresses.

simple [simpl]
Adjetivo, sencillo. Cathy's homework
was very **simple** today.

since [sins]
Preposición, desde. Sam has been
waiting for Ben **since** three o'clock.

sing, sang, has sung [sing, sang, jaz sang]
Verbo, cantar.

singer [sínger]
Sustantivo,
cantante.
(masc. & fem.).

sink [sink]
Sustantivo,
fregadero.

sir [ser]
Sustantivo, señor. In some schools
students still call their teachers **sir**.

sister [síster]
Sustantivo, hermana.

sit, sat, has sat [sit, sat, jaz sat]
Verbo **1.** sentar.
Granny is **sitting**
in the rocking chair.
2. to sit down
sentarse. Ben **sat
down** at his desk
to start his homework.

six [siks]
Adjetivo, seis.

sixteen [sikstín]
Adjetivo, dieciseis.

sixty [síksti]
Adjetivo, sesenta.

size [sayz]
Sustantivo, tamaño. Ben wears **size**
5 shoes.

skate [skeyt]
I. *Sustantivo*,
patín.
II. *Verbo*, patinar.
The children can
go **skating** on the river
when it is frozen.

skateboard [skéytbord]
Sustantivo,
monopatín.

ski [ski]
  I. *Sustantivo*, esquí.
  II. *Verbo*, esquiar. Sam cannot **ski** very well — he always falls down!

skin [skin]
  Sustantivo, piel.

skip [skip]
  Verbo **1.** brincar. Cathy **skipped** along the road. **2.** omitir.

skipping-rope [skíping roup]
  Sustantivo, comba.

skirt [skert]
  Sustantivo, falda.

sky [skay]
  Sustantivo, cielo. On clear nights you can see stars in the **sky.**

skyscraper [skáyskreyper]
  Sustantivo, rascacielos.

sled [sled]
  Sustantivo, trineo.

sleep, slept, has slept
  [slip, slept, jaz slept]
  Verbo, dormir. Silky likes to **sleep** in front of the fire.

sleeping bag [slíping bag]
  Sustantivo, saco de dormir.

slept [slept]
  Ver **sleep.**

sleeve [sliv]
  Sustantivo, manga.

slice [slays]
  Sustantivo, tajada. Mom is cutting the bread into **slices.**

slide, slid, has slid [slayd, slid, jaz slid]
  I. *Verbo*, deslizarse. The frog **slid** into the pond and swam away.
  II. *Sustantivo*, resbaladero.

slip [slip]
  Verbo, deslizarse, resbalar. Dad **slipped** on the ice.

slipper [slíper]
  Sustantivo, zapatilla. Muffin is chewing Grandad's **slipper.**

slow [slou]
  Adjetivo, lento.

small [smal]
  Adjetivo, pequeño.

smell [smel]
  I. *Verbo*, oler.
  II. *Sustantivo*, olor, olfato.

smile [smayl]
  I. *Verbo*, sonreir. Mom **smiled** at the neighbor and said "Hello!"
  II. *Sustantivo*, sonrisa.

smoke [smouk]
  I. *Verbo*, fumar. Grandad is **smoking** his pipe.
  II. *Sustantivo*, humo.

smooth [smuth]
  Adjetivo, liso. Silky's fur is soft and **smooth.**

snack [snak]
Sustantivo, bocado. The children only have a **snack** for lunch.

snail [sneyl]
Sustantivo, caracol.

snake [sneyk]
Sustantivo, culebra.

sneeze [sniz]
Verbo, estornudar.

snore [snor]
Verbo, roncar. Dad **snores** so loudly that everyone wakes up!

snorkel [snórkel]
Sustantivo, esnórquel.

snow [snóu]
Sustantivo, nieve.

snowball [snóubol]
Sustantivo, bola de nieve. Ben and Sam are throwing **snowballs** at Cathy.

snowman, snowmen
[snóuman, snóumen]
Sustantivo,
hombre de nieve,
hombres de nieve.

so [so]
I. *Adverbio* **1.** tan. "I am **so** tired," complained Mom. **2.** también. "I am nine years old," said Ben. "**So** am I," replied Sam.
II. *Conjunción* **1. so that** de modo que. Ben is pretending to be doing his homework **so that** he does not have to go shopping with Mom. **2.** por lo tanto. It is raining **so** the children cannot go out to play.

soap [soup]
Sustantivo, jabón.

sock [sak]
Sustantivo, calcetín. Sam has a hole in his **sock.**

sofa [sófa]
Sustantivo, sofá.

soft [soft]
Adjetivo, suave. Silky's fur is lovely and **soft.**

soil [soyl]
Sustantivo, tierra. Worms live in the **soil.**

sold [sold]
Ver **sell.** Dad **sold** the old car and bought a new one.

soldier [sóldjer]
Sustantivo, soldado.

some [sam]
I. *Adjetivo* **1.** algunos. Cathy has lent Kirsty **some** records. **2.** algo de. "Do you want **some** soup?" Granny asked Ben.
II. *Pronombre* **1.** algunos. **Some** of Cathy's friends are coming to her party. **2.** un poco. Emma only drank **some** of the milk.

somebody, someone
[sámbadi, sámuan]
Pronombre, alguien. **Somebody** is knocking at the door.

somersault [sámersolt]
Sustantivo, salto mortal. Dad is showing Emma how to do a **somersault.**

something [sámthing]
Pronombre, algo. "**Something** has fallen off the shelf. What is it?" asked Ben.

sometimes [sámtaymz]
Adverbio, a veces.

somewhere [sámuer]
Adverbio, en alguna parte. "Where is my ball?" asked Emma. "It is **somewhere** in the garden," replied Mom.

son [san]
Sustantivo, hijo.

song [song]
Sustantivo, canción.

soon [sun]
Adverbio, pronto. Dad will **soon** be home from work.

sore [sor]
Adjetivo **to have a sore throat** tener la garganta adolorida.

sorry [sári]
I. *Adjetivo* **1. I am sorry** lo siento mucho. "**I am sorry**," said Ben when he broke Mom's favorite plate.
2. to feel sorry compadecer.
II. *Interjección*, ¡perdón!

sort [sort]
Sustantivo, tipo de. A blazer is a **sort** of jacket.

soup [sup]
Sustantivo, sopa.

sour [sáuer]
Adjetivo, agrio. Lemons taste **sour.**

south [sauth]
I. *Sustantivo*, sur.
II. *Adjetivo*, sureño.

space [speys]
Sustantivo, espacio.

spaceship [spéysship]
Sustantivo, nave espacial.

spade [speyd]
Sustantivo, pala.

spaghetti [spagéti]
Sustantivo, espaguetis. Ben's favorite meal is **spaghetti** with tomato sauce.

Spain [speyn]
Sustantivo, España.

Spanish [spánish]
I. *Adjetivo* **1.** español. **2. he/she is Spanish** él es español, ella es española.
II. *Sustantivo*, español, española.

speak, spoke, has spoken
[spík, spóuk, jaz spóken]
Verbo, hablar. Mom is **speaking** to Mrs. Brown, the neighbor.

speed [spid]
Sustantivo, velocidad.

spell [spel]
Verbo, deletrear. Ben cannot **spell** the word "rhinoceros."

spend, spent, has spent
[spend, spent, jaz spent]
Verbo **1.** gastar. Sam **spent** a lot of money on a new computer game.
2. pasar (tiempo). Ben **spent** a lot of time doing his homework.

spider [spáyder]
Sustantivo, araña.

spill [spil]
Verbo, verter, derramar. The waitress **spilled** the soup all over Dad.

spinach [spínech]
Sustantivo, espinaca.

splash [splash]
Verbo, salpicar. Ben **splashed** Cathy with cold water.

spoil [spoyl]
Verbo **1.** estropear. The thunderstorm **spoiled** the family's picnic in the park.
2. malcriar. Granny often **spoils** the children and gives them lots of chocolate.

spoke, spoken [spóuk, spóken]
Ver **speak.** Mom **spoke** to the doctor about Emma's cold.

sponge [spondj]
Sustantivo, esponja.

spoon [spun]
Sustantivo, cuchara.

sport [sport]
Sustantivo, deporte.

sportsman, sportsmen
[spórtsman, spórtsmen]
Sustantivo, el, los deportistas.

sportswoman, sportswomen
[spórtsuoman, spórtsuomen]
Sustantivo, la, las deportistas.

spread, spread, has spread
[spred, spred, jaz spred]
Verbo, extender, untar. Dad is **spreading** jam on his piece of toast.

spring [spring]
Sustantivo, primavera. Leaves and flowers start to grow again in **spring.**

square [skuér]
I. *Sustantivo* **1.** plaza. There is a big **square** in the middle of town where the market is held every Saturday.
2. cuadrado.
II. *Adjetivo*, cuadrado.

squeeze [skuiz]
Verbo, apretar. Ben **squeezed** the tube of toothpaste too hard and most of the toothpaste fell on the floor.

squirrel [skuérl]
Sustantivo, ardilla.

stable [stéybl]
Sustantivo, establo.

stadium [stéydium]
Sustantivo, estadio.

stage [steydj]
Sustantivo, etapa, escena.

stain [steyn]
I. Sustantivo, mancha.
There is a big
stain on Ben's
jacket.
II. Verbo, manchar.

stainless [stéynles]
Sustantivo, inoxidable.

stairs [sterz]
Sustantivo, escalera. Emma fell
down the **stairs** and hurt her knee.

stalk [stok]
Sustantivo, tallo.
Sunflowers have
very long **stalks.**

stall [stol]
Sustantivo, puesto. Mom is buying
some potatoes at the vegetable **stall**
at the market.

stamp [stamp]
Sustantivo,
sello.

stand, stood, has stood
[stand, stud, jaz stud]
Verbo 1. parar, levantar. 2. **to stand
up** levantarse. Cathy **stood up** and
gave her seat to an old lady.

star [star]
Sustantivo,
estrella.

start [start]
Verbo, empezar. Ben **started** his
homework after dinner.

station [stéyshon]
Sustantivo, estación.

statue [stáchu]
Sustantivo,
estatua.

stay [stey]
Verbo 1. quedarse. "Do you want to
stay for tea?" Mom asked Sam.
2. alojarse. The Bridges family **stay**
at a hotel when they are on vacation.

steak [steyk]
Sustantivo, biftec.

steal, stole, has stolen
[stil, stol, jaz stólen]
Verbo, robar. The burglars **stole** the
television and the video recorder.

steam [stim]
Sustantivo, vapor.
A cloud of **steam**
rose from the kettle.

steep [stip]
Adjetivo, escarpado. Ben has to
push his bicycle up **steep** hills.

step [step]
Sustantivo 1. paso. Cathy is
learning some new **steps** in her ballet
lesson. 2. peldaño.

stick, stuck, has stuck
[stik, stak, jaz stak]
I. Verbo, pegar, poner, meter. Cathy
is **sticking** photographs in her album.
II. Sustantivo, palo.

sticky [stíki]
Adjetivo, pegajoso.

S

still

still [stil]
Adverbio, todavía. It is nine o'clock and Ben is **still** doing his homework.

sting, stung, has stung
[sting, stang, jaz stang]
Verbo, picar, escocer. Emma is crying because a wasp has **stung** her on the nose.

stir [ster]
Verbo, revolver. Granny is **stirring** her tea.

stone [stóun]
Sustantivo, piedra.

stood [stud]
Ver **stand.**

stop [stap]
I. Verbo 1. parar(se). Dad had to **stop** because the traffic lights were red. 2. detener(se). The bus **stops** outside the school. 3. terminar. "**Stop** that noise!" warned the teacher. II. Sustantivo, parada, alto.

storm [storm]
Sustantivo, tempestad.

story [stóri]
Sustantivo, cuento. Grandad reads Emma a **story** every night before she goes to bed.

straight [streyt]
I. Adjetivo, derecho. "Please draw a **straight** line across the page," said the teacher.

II. Adverbio 1. directamente. "Please come **straight** home from school," Mom told the children. 2. **straight on** derecho. Dad drove **straight on** past the church.

strange [stréyndj]
Adjetivo, extraño. Ben thought he heard some **strange** noises in the garage.

stranger [stréyndjer]
Sustantivo, desconocido, desconocida. Children must not speak to **strangers.**

straw [stro]
Sustantivo
1. paja.
2. pajita.
Ben is drinking the lemonade through a **straw.**

strawberry [stróberi]
Sustantivo, fresa.

stream [strim]
Sustantivo, arroyo.

street [strit]
Sustantivo, calle.

stretch [strech]
Verbo, estirar. Muffin always yawns and **stretches** when he wakes up.

strict [strikt]
Adjetivo, estricto. Miss Smith is a **strict** teacher — she does not allow the students to talk during the lesson.

stripe [strayp]
Sustantivo, raya.
Sam is wearing
a T-shirt with blue
and red **stripes.**

stroke [stróuk]
Verbo, acariciar. Emma is **stroking**
the neighbor's dog.

strong [strong]
Adjetivo, fuerte. "If you eat all your
vegetables you will grow up to be
big and **strong,**" said Granny.

stuck [stak]
Ver **stick.** Dad **stuck** a stamp on the
envelope.

student [stúdent]
Sustantivo, estudiante.

study [stádi]
Verbo, estudiar. The neighbor's son
is **studying** math at the university.

stung [stang]
Ver **sting.** A wasp has **stung** Emma
on the nose.

stupid [stúpid]
Adjetivo, estúpido. Cathy made two
stupid mistakes on her homework.

subject [sábdjekt]
Sustantivo, asunto, tema. Kirsty's
favorite **subject** at school is math.

suddenly [sádenli]
Adverbio, de repente.

sugar [shúgar]
Sustantivo,
azúcar.

suit [sut]
Sustantivo **1.** traje. Dad has to
wear a **suit** to work. **2.** pleito.

suitcase [sútkeys]
Sustantivo,
maleta.

sum [sam]
Sustantivo, cantidad, suma. Ben
learned that the **sum** of five and
fourteen is nineteen.

summer [sámer]
Sustantivo, verano.

sun [san]
Sustantivo, sol. The **sun** is shining
brightly today.

Sunday [sándy]
Sustantivo **1.** domingo. **2. on
Sundays** los domingos.

sunflower [sanfláuer]
Sustantivo,
girasol.

sung [sang]
Ver **sing.**

sunglasses [sanglásez]
Sustantivo,
gafas de sol.

sunny [sáni]
Adjetivo, soleado. "What a lovely
warm and **sunny** day! Let's go on a
picnic," said Mom.

sunrise [sánrayz]
Sustantivo,
amanecer.

sunset [sánset]
Sustantivo,
anochecer.

sunshine [sánshayn]
Sustantivo,
luz solar.

super [súper]
Adjetivo, superior, fantástico. "We had a **super** time at the zoo today, Mom!" said Ben.

supermarket [súpermarket]
Sustantivo,
supermercado.

supper [sáper]
Sustantivo, cena.

suppose [sapóz]
Verbo, suponer. "I **suppose** that Dad will be home late again," said Mom.

sure [shur]
I. *Adjetivo*, seguro. "I am **sure** that Muffin will find the way home, Ben," said Granny.
II. *Adverbio*, ¡Claro! "Can you help me with my math, please Dad?" asked Ben. "**Sure!**" replied Dad.

surname [súrneym]
Sustantivo, apellido. Ben's **surname** is Bridges.

surprise [sarpráyz]
Sustantivo, sorpresa.

surroundings [saráundings]
Sustantivo, alrededores. The Bridges family lives in nice **surroundings.**

swallow [suálou]
Verbo, tragar. "Please chew your food first before you **swallow** it!" said Mom.

swam [suám]
Ver **swim.**

swan [suán]
Sustantivo,
cisne.

sweatshirt [suétshert]
Sustantivo,
camiseta.

Sweden [suíden]
Sustantivo, Suecia.

Swedish [suídish]
Adjetivo **1.** sueco, sueca. **2. he/she is Swedish** él es sueco, ella es sueca.

sweet [suít]
I. *Sustantivo*,
dulce.
II. *Adjetivo*, dulce. Sam is so fat because he likes eating **sweet** things!

swim, swam, has swum
[suim, suam, jaz suam]
Verbo, nadar. Cathy is **swimming** in the lake.

swimming pool [suíming pul]
Sustantivo, piscina.

swimming trunks [suíming tranks]
Sustantivo, pantalón de baño. Ben once lost his **swimming trunks** at the swimming pool.

swimsuit [suímsut]
Sustantivo, traje de baño.

swing [suíng]
Sustantivo,
columpio.

Swiss [suís]
I. *Sustantivo*,
suizo, suiza.
II. *Adjetivo*, suizo, suiza.

switch [suích]
I. *Sustantivo*, conmutador. The light **switch** is next to the door.
II. *Verbo* **1. to switch on** encender. Cathy **switched on** the television.
2. to switch off apagar.

Switzerland [suítzerland]
Sustantivo, Suiza.

swum [suám]
Ver **swim.**

table [téybl]
Sustantivo, mesa.

tail [teyl]
Sustantivo, cola.

take, took, has taken
[teyk, tuk, jaz téyken]
Verbo **1.** tomar. Ben **took** his bicycle on vacation with him. **2. to take off** sacar. "Please **take off** your shoes when you come in," said Granny.
3. to take a picture tomar una foto.
4. to take place tener lugar. The party is **taking place** at Cathy's house. **5. to take part** participar. Cathy is **taking part** in the school play.

talk [tok]
Verbo, hablar. The students are not allowed to **talk** during the lesson.

tall [tol]
Adjetivo, alto. Ben is not as **tall** as Cathy.

tame [teym]
Adjetivo, domesticado. Ben asked Grandad if the lions were **tame.**

tap [tap]
Sustantivo, grifo.

tape [teyp]
Sustantivo, cinta.

taste [teyst]
Verbo **1.** saborear. "This cake **tastes** very good," said Sam.
2. probar. Ben **tasted** the soup to see if he liked it.

taught [tot]
Ver **teach.**

taxi [táksi]
Sustantivo, taxi.

tea [ti]
Sustantivo, té.
Tea comes from China to Europe and the Americas.

teach, taught, has taught
[tich, tot, jaz tot]
Verbo **1.** enseñar. Miss Smith **teaches** math. **2. to teach somebody to do something** enseñar a alguien a hacer algo. The teacher **taught** the children to read.

teacher [tícher]
Sustantivo, maestro, maestra.

team [tim]
Sustantivo, equipo. Ben plays in the school football **team.**

tear

tear, tore, has torn [tir, tor, jaz torn]
Verbo, rasgar. Muffin **has torn**
Grandad's slipper to pieces.

tear [tíar]
Sustantivo, lágrima.

teddy bear [tédi ber]
Sustantivo,
oso de juguete.

teeth [tith]
Plural de **tooth** dientes. "Please
brush your **teeth** after every meal,"
said the dentist.

telephone [télefon]
Sustantivo,
teléfono.

television [télevishon]
Sustantivo,
televisión.
"There is a good
film on **television**
tonight," said Dad.

tell, told, has told [tel, told, jaz told]
Verbo **1.** decir. Mom **told** Ben to
wipe his shoes before coming in.
2. contar. Grandad always **tells**
Emma a story before she goes to
bed.

temperature [témprechur]
Sustantivo **1.** temperatura. **2. to
have a temperature** tener fiebre.

ten [ten]
Adjetivo, diez.

tennis [ténis]
Sustantivo, tenis.
Mom often
plays **tennis**
with some friends.

tent [tent]
Sustantivo, tienda de campaña.

terrace [téres]
Sustantivo, terraza.

test [test]
I. *Sustantivo*, examen. Cathy had a
math **test** at school today.
II. *Verbo*, probar. Mom **tested** the
bath water to see if it was warm
enough for Emma.

textbook [tékstbuk]
Sustantivo, libro de texto.

than [than]
Conjunción, que. Cathy is taller
than Ben.

thanks [thánks]
Interjección, gracias.
Ben gave Sam his
soda. "**Thanks!**" said Sam.

Thanksgiving [thanksgíving]
Sustantivo, Día de Acción de Gracias.
In the U.S., **Thanksgiving** is an
important holiday.

thank you [thenk yu]
Interjección **1.** gracias. **2. thank you
very much** muchas gracias. "**Thank
you very much** for the lovely
birthday present," wrote Cathy.

that [that]
I. *Adjetivo*, ese, esa, aquel, aquella.
Ben prefers **that** book to the other one.
II. *Conjunción*, que. Cathy said **that**
she wanted to have a party on her
birthday.
III. *Pronombre* **1.** ése, ésa, aquél,
aquélla. "Who is **that?**" asked Dad.
"**That** is Miss Smith," replied Ben.
2. que. The book **that** Ben is reading
is very interesting.

the [tha]
Artículo, el, la, los, las. **The** man.
The woman. **The** book.

theater [thíeter]
Sustantivo,
teatro.

their [théar]
Adjetivo posesivo, su, sus. The
children are playing on the beach
with **their** friends.

themselves [themsélvz]
Pronombre, ellos mismos, ellas mismas.
The children baked a cake **themselves.**

there [ther]
Adverbio **1.** allí, allá. The pencil is
lying **there** on the desk. **2. there is** hay.
There is a mouse in the cookie jar!

thermometer [thermámeter]
Sustantivo,
termómetro.

these [thiz]
Adjetivo, estos, estas. Ben does not
like **these** socks because they are pink.

they [they]
Pronombre, ellos, ellas. Here are the
children. **They** are going to the zoo
with Grandad.

thick [thik]
Adjetivo, espeso. Sam put a **thick**
sweater on when he went out in the
snow.

thief, thieves [thif, thivs]
Sustantivo, ladrón,
ladrones.

thin [thin]
Adjetivo, delgado.
Ben looks very
thin when he
stands next to
Sam!

thing [thing]
Sustantivo **1.** cosa.
"What is that funny
thing, Mommy?"
cried Emma.
"It must be one
of Ben's beetles,"
replied Mom.
2. things cosas,
equipo. Cathy is
putting her ballet
things in a bag.

think, thought, has thought
[think, thot, jaz thot]
Verbo **1.** creer. "I **think** it is going to
rain," said Mom. **2.** pensar. "You
have to **think** before you answer that
question," said the teacher. **3. to
think of** pensar de o en. "What are
you **thinking of?**" asked Cathy.

third [therd]
Adjetivo, tercero. Emma is Mr. and
Mrs. Bridges' **third** child.

thirsty [thérsti]
Adjetivo **1.** sediento. **2. to be thirsty**
estar sediento. "Can I have a drink
please, I **am thirsty,**" said Sam.

thirteen [thertín]
Adjetivo, trece.

thirty [thérti]
Adjetivo, treinta.

this [this]
 I. *Adjetivo*, este, esta.
 "Can you read me **this** story please,"
 Emma asked.
 II. *Pronombre*, éste, ésta. "What is
 this for?" asked Ben pointing at the
 material.

those [thóus]
 I. *Adjetivo*, esos, esas. Sam wants
 some of **those** round biscuits.
 II. *Pronombre*, ésos, ésas.
 "**Those** are your
 sandwiches for
 school tomorrow,"
 Mom told the
 children.

thought [thot]
 Ver **think.**

thousand [tháuzend]
 Adjetivo, mil.

three [thri]
 Adjetivo, tres.

threw [thru]
 Ver **throw.**

throat [thróut]
 Sustantivo, garganta. Dad wears a
 scarf around his neck because he
 has a sore **throat.**

throne [thróun]
 Sustantivo,
 trono.

through [thru]
 Preposición, por. Silky crawled
 through the hole in the fence.

throw, threw, has thrown
 [throu, thru, jaz throun]
 Verbo, tirar, arrojar. Ben is **throwing**
 the ball to Muffin.

thumb [tham]
 Sustantivo,
 pulgar.

thunder [thánder]
 Sustantivo, trueno. Silky is afraid
 of **thunder** and always hides under
 the bed.

thunderstorm
 [thánderstorm]
 Sustantivo, tormenta.

Thursday [thérsdy]
 Sustantivo, jueves.

ticket [tíket]
 Sustantivo **1.** multa.
 2. billete, entrada.
 Dad has bought
 two **tickets** for
 the football match
 on Saturday.

tidy [táydi]
 I. *Adjetivo*, ordenado. "I wish Ben's
 room was as **tidy** as Cathy's," said
 Mom.
 II. *Verbo*, arreglar. Mom has asked
 Ben to **tidy** his room.

tie [tay]
 I. *Verbo*, atar.
 Ben was naughty
 and **tied** Grandad's
 laces together!
 II. *Sustantivo*,
 corbata.

tiger [táyger]
Sustantivo,
tigre.

tight [tayt]
Adjetivo, estrecho, apretado. Cathy
wore a **tight** skirt.

tights [tayts]
Sustantivo, traje de malla. Cathy's
tights are tight!

time [taym]
Sustantivo **1.** tiempo. Ben took a
long **time** to finish his homework.
2. What is the time? ¿Qué hora es?
3. vez. Cathy is wearing her new
skirt for the first **time** today.

tin [tin]
Sustantivo,
lata, tarro.

tiny [táyni]
Adjetivo, minúsculo. Ben found a
tiny beetle under a leaf.

tiptoe [típto]
Verbo, andar de puntillas.
Granny
tiptoed past
Emma's room
so as not to wake
her.

tired [táyrd]
Adjetivo, cansado.

to [tu]
Preposición **1.** hacia. Dad is driving
to the station. **2.** a. The family is
going **to** Germany on vacation.
3. hasta. Emma can only count **to** five.
4. menos. It is five minutes **to** three.
5. según. "It is not **to** my taste," said
Emma.

toast [tóust]
Sustantivo, tostada. Cathy had two
pieces of **toast** for breakfast.

today [tudéy]
Adverbio, hoy.

toe [tóu]
Sustantivo,
dedo del pie.

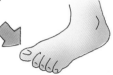

together [tugéther]
Adverbio, juntos. Ben and Sam
are playing cowboys and Indians
together.

toilet [tóylet]
Sustantivo,
inodoro.

told [told]
Ver **tell.** Mom **told** Ben to clean up
his room.

tomato, tomatoes [toméyto, toméytos]
Sustantivo,
tomate,
tomates.

tomorrow [tumórrou]
Adverbio, mañana. Cathy is going
riding **tomorrow.**

tongue [tong]
Sustantivo,
lengua.

tonight [tunáyt]
Adverbio, esta noche. Sam is
staying for dinner at the Bridges'
house **tonight.**

too [tu]
Adverbio **1.** muy, demasiado. The
math was **too** difficult for Ben so he
asked Dad for help. **2.** también. Cathy
is going riding and Kirsty is going **too.**

took [tuk]
Ver **take.** Grandad **took** the children to the zoo.

tool [tul]
Sustantivo, herramienta.

tooth, teeth [tuth, tith]
Sustantivo, diente, dientes.

toothache [tútheyk]
Sustantivo, dolor de muelas. Kirsty had to go to the dentist because she had a **toothache.**

toothbrush [túthbrash]
Sustantivo, cepillo de dientes.

toothpaste [túthpeyst]
Sustantivo, pasta dentífrica.

top [top]
I. *Sustantivo* **1.** cima. **2.** primer puesto. **3.** tapa. Dad has screwed the **top** of the jar on so well that nobody can open it now! **4. at the top of** parte superior. "Please write your name **at the top of** the page," said the teacher. **5. to be on top of** estar encima de. Muffin's lead **is on top of** the cupboard.
II. *Adjetivo,* superior, más alto, máximo. Kirsty lives on the **top** floor of an apartment building.

torch [torch]
Sustantivo, linterna (Inglaterra).

tore, torn [tor, torn]
Ver **tear.** Dad **tore** the paper.

tortoise [tórtes]
Sustantivo, tortuga.

touch [tach]
Verbo, tocar. "Please do not **touch** the kettle — it is still hot," said Mom.

tourist [túrist]
Sustantivo, turista.

toward [tuárd]
Preposición, hacia. "Who is that man walking **toward** us?" whispered Ben.

towel [tául]
Sustantivo, toalla.

tower [táuer]
Sustantivo, torre. Emma has built a **tower** with her blocks.

town [táun]
Sustantivo, pueblo.

toy [toy]
Sustantivo, juguete.

tractor [tráktor]
Sustantivo, tractor.

traffic [tráfik]
Sustantivo, tráfico. The school bus was late because there was so much **traffic** on the road.

traffic light [tráfik layt]
Sustantivo, semáforo. Dad had to stop because the **traffic light** was red.

train [treyn]
Sustantivo,
tren.

trainer [tréyner]
Sustantivo,
zapatilla.
(Inglaterra).

trap [trap]
Sustantivo, trampa.

travel [trável]
Verbo **1.** viajar. Kirsty likes **traveling** to foreign countries. **2.** ir. Granny and Grandad **traveled** to Chicago by train.

treasure [trésher]
Sustantivo, tesoro. Ben thinks there is some **treasure** buried in the garden — really it is only one of Muffin's old bones!

treat [trit]
Verbo, convidar. Grandad **treated** the children to an ice cream.

tree [tri]
Sustantivo,
árbol.

triangle [tráyengl]
Sustantivo, triángulo.

trip [trip]
Sustantivo, viaje. Grandad took the children on a **trip** to the zoo.

trolley [tráli]
Sustantivo
1. carrito (Inglaterra). Emma likes sitting in the **trolley** while Mom shops.
2. tranvía.

trouble [trabl]
Sustantivo **1.** pena, desgracia. **2. to get into trouble** meter(se) en líos. Ben **got into trouble** for tying Grandad's laces together.

trousers [tráuzerz]
Sustantivo **a pair of trousers** pantalones.

truck [trak]
Sustantivo, camión.

trumpet [trámpet]
Sustantivo,
trompeta.

trust [trast]
Verbo, confiar. "You can **trust** me, I will not tell anybody!" said Ben.

try [tray]
Verbo **1.** tratar. Muffin is **trying** to reach the sausages on the table. **2.** probar. Emma **tried** some of the cabbage but she did not like it.

T-shirt [ti-shert]
Sustantivo,
camiseta.

tube [tub]
Sustantivo,
tubo.

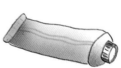

Tuesday [túzdey]
Sustantivo, martes.

tulip [túlip]
Sustantivo, tulipán. Grandad is very angry because Muffin lay down in the middle of the **tulips.**

tummy [támi]
Sustantivo,
barriga.

T

tune

tune [tun]
Sustantivo, melodía. "This song has a nice **tune,**" said Mom.

turkey [térki]
Sustantivo, pavo.
Wild **turkeys** were very common in the past.

Turkey [térki]
Sustantivo, Turquía.

Turkish [térkish]
Adjetivo **1.** turco, turca. **2. he/she is Turkish** él es turco, ella es turca.

turn [tern]
I. Verbo **1.** girar. Granny **turned** her chair so that she was able to see the television better.
2. volver.
Cathy **turned** the pages in her textbook.
3. doblar.
Mom has to **turn** left to get to the post office.
II. Sustantivo **1.** vuelta, cambio. **2. it is my turn** es mi turno.

TV [tiví]
Sustantivo, televisión. Granny enjoys watching **TV.**

twelve [tuélv]
Adjetivo, doce.

twenty [tuénti]
Adjetivo, veinte.

twice [tuáys]
Adverbio, dos veces. Ben plays football **twice** a week.

twins [tuínz]
Sustantivo, gemelos.

two [tu]
Adjetivo, dos.

typewriter [táipraiter]
Sustantivo, máquina de escribir. Dad has an electric **typewriter.**

U

ugly [ágli]
Adjetivo, feo, fea.

umbrella [ambréla]
Sustantivo, paraguas.
Cathy opened her **umbrella** when it started to rain.

uncle [ankl]
Sustantivo, tío.

under [ánder]
Preposición, debajo de. Muffin crawled **under** the fence into the neighbor's garden.

underground [ándergraund]
I. Adjetivo, subterráneo. The water pipes are **underground.**
II. Sustantivo, metro (Inglaterra).

underpants [ánderpants]
Sustantivo, calzoncillos.

understand, understood, has understood [anderstánd, anderstúd, jaz anderstúd]
Verbo, comprender, enteder. Granny does not **understand** German.

uniform [yúniform]
Sustantivo, uniforme. Students in Britain often have to wear a **uniform** at school.

university [yunivérseti]
Sustantivo, universidad.

untidy [antáydi]
Adjetivo, desordenado. Ben's room is almost always **untidy.**

until [antíl]
Conjunción, hasta que. Dad waited **until** everyone had put on their seatbelts before driving away.

up [ap]
Adverbio **1.** arriba. Silky is **up** on the roof. **2.** hacia arriba. Ben is climbing **up** the tree. **3. to be up** estar levantado. Dad **has been up** since half past six this morning.

upset [apsét]
Adjetivo **1.** molesto. Cathy is **upset** about getting a bad mark in the German test. **2.** preocupado. Ben is **upset** that Muffin is ill.

upstairs [apstérz]
Adverbio
1. arriba. Ben is **upstairs** doing his homework.
2. hacia arriba. Cathy went **upstairs** to take a shower.

USA [yu es ey]
Sustantivo, E.U.A.

use [yuz]
Verbo **1.** usar. Mom **uses** a sponge to clean the dishes. **2. used to** acostumbraba(n). Dad **used to** play football every Saturday.

usually [yúshuyeli]
Adverbio, generalmente. Ben **usually** goes to bed at eight o'clock.

V

valley [váli]
Sustantivo, valle.

van [van]
Sustantivo, furgoneta.

vanish [vánish]
Verbo, desvanecer(se). They watched Uncle Bill's plane rise and **vanish** into the clouds.

vase [veys]
Sustantivo, florero.

vegetable [védｊtebl]
Sustantivo, legumbre. Grandad grows **vegetables** in the garden.

very [véri]
Adverbio, muy. "**Very** good," replied Sam.

vest [vest]
Sustantivo, chaleco.

vet [vet]
Sustantivo, veterinario, veterinaria. Silky has to go to the **vet** because she has hurt her paw.

video recorder [vídio ricórder]
Sustantivo, videograbadora.

village [víledj]
Sustantivo, aldea.

violet [váyolet]

I. *Sustantivo*, violeta.
II. *Adjetivo*, violeta.

violin [vayolín]
Sustantivo, violín.

visit [vízit]
Verbo, visitar. The children **visited** Dad when he was in the hospital.

visitor [vízitor]
Sustantivo, visitante. There were many **visitors** at the castle yesterday.

voice [vóys]
Sustantivo, voz.

volleyball [válibol]
Sustantivo, vólibol.

W

waist [uéyst]
Sustantivo, cintura. Cathy is tying a belt around her **waist.**

wait [uéyt]
Verbo, esperar. Ben has already been **waiting** for Sam for a quarter of an hour.

waiter, waitress [uéyter, uéytres]
Sustantivo, camarero, camarera.

"**Waiter!**" called Dad, "may I have the check, please?"

wake, woke, has woken
[uéyk, uók, jaz uóken]
Verbo **1.** despertar. "Please can you **wake** Ben — he will be late for school," Mom told Cathy. **2. to wake up** despertar. Ben **woke up** very late this morning and almost missed the bus.

Wales [uéylz]
Sustantivo, Gales. **Wales** is a part of Britain.

walk [uók]
I. *Verbo*, caminar. Ben had to **walk** to school because he missed the bus.
II. *Sustantivo* **1.** caminata.
2. to go for a walk pasear. Mom **went for a walk** with Emma in the park.

wall [uól]
Sustantivo **1.** pared. Dad is painting the **walls** in Cathy's room yellow.

2. muro. Silky is sitting on the garden **wall** watching the birds.

wallet [uálet]
Sustantivo,
billetera.

walnut [uálnat]
Sustantivo,
nuez.

want [uánt]
Verbo, querer. Cathy **wants** to go to the cinema with Kirsty.

wardrobe [uórdrob]
Sustantivo,
guardarropa.

warm [uórm]
Adjetivo, cálido.

warn [uórn]
Verbo, advertir. Mom **warned** the children not to speak to strangers.

was [uás]
Ver **be.** Sam **was** on the same bus as Granny.

wash [uásh]
Verbo, lavar.

washing [uáshing]
Sustantivo, lavado. Granny is hanging the **washing** in the garden to dry.

washing machine [uáshing mashín]
Sustantivo,
lavadora.
"Please put your dirty clothes in the **washing machine,**"said Mom.

washstand [uáshstand]
Sustantivo, lavabo, lavamanos.
The kids must wash their hands at the **washstand** before dinner.

wasp [uásp]
Sustantivo,
avispa.

waste [uéyst]
Verbo, malgastar. "Ben, please stop **wasting** time and do your homework," warned Mom.

watch [uách]
I. *Sustantivo,*
reloj.
II. *Verbo*
1. vigilar.
Mom **watched** Emma playing on the beach.
2. mirar. Dad and Ben **watched** the football game on Saturday.
3. to watch television ver televisión.

water [uáter]
I. *Sustantivo,* agua.
II. *Verbo,* regar. Grandad asked the neighbor to **water** the plants while he was on vacation.

waterfall [uáterfol]
Sustantivo, cascada.

watering can [uátering kan]
Sustantivo,
regadera.

wave [uéyv]
I. *Verbo,* hacer señales con la mano, despedirse. Emma **waves** to Dad when he goes to work.
II. *Sustantivo,* ola.

way [uéy]
Sustantivo, camino, dirección.
"Can you tell me the **way** to the post office, please?" the stranger asked.

we [uí]
Pronombre, nosotros.

weak [uík]
Adjetivo, débil. Emma has a cold
and feels a bit **weak.**

wear, wore, has worn
[uér, uór, jaz uórn]
Verbo **1.** llevar puesto. "What are
you going to **wear** to the party?"
Kirsty asked. **2.** traer puesto. Ben was
wearing a coat because it was cold.

weather [uéther]
Sustantivo, tiempo. If the **weather** is
nice the family is going on a picnic
on Sunday.

wedding [uéding]
Sustantivo,
bodas.

Wednesday [uénzdey]
Sustantivo, miércoles.

weed [uíd]
Sustantivo, mala hierba.

week [uík]
Sustantivo, semana. Ben's class is
going camping for a **week** in June.

weekend [uíkend]
Sustantivo, fin de semana.

weigh [uéy]
Verbo, pesar.
Sam **weighs**
much more
than Ben!

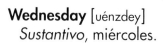

welcome [uélkom]
I. Interjección, ¡Bienvenido!
"**Welcome** home Grandad!" shouted
the children.
II. Verbo, dar la bienvenida. Mom
welcomes Dad with a kiss when he
comes home from work.

well [uél]
I. Adverbio **1.** bien. Mom plays the
piano very **well. 2. Well done!**
¡Bien hecho!
II. Adjetivo bien. Ben cannot go
to school today because he is not
well.

welly [uéli]
Sustantivo, botas
de goma (Inglaterra).
En E.U.A. **galoshes.**

Welsh [uélsh]
Adjetivo **1.** galés.
2. he/she is Welsh
él es galés, ella es galesa.

went [uént]
Ver **go.** Emma **went** to the
supermarket with Mom.

west [uést]
I. Sustantivo, oeste.
II. Adjetivo, occidental.

wet [uét]
Adjetivo, mojado. Ben walked in a
puddle and now his feet are **wet.**

whale [uéyl]
Sustantivo,
ballena.

what [uát]
Pronombre **1.** ¿qué? "**What** is that?"
asked Cathy. "That is a present for
Mrs. Brown," replied Mom. **2. what
for** ¿para qué? "**What** is that **for?**"
asked Emma. "For cleaning the
windows," said Dad.

wheel [uíl]
Sustantivo,
rueda. A bicycle
has two **wheels.**

wheelbarrow [uílbarou]
Sustantivo,
carretilla.

when [uén]
I. *Conjunción* 1. en cuanto. Ben is allowed to go out and play **when** he has finished his homework.
2. cuando. Dad was a scout **when** he was young.
II. *Adverbio*, cuándo. "**When** is Uncle Bill arriving?" asked Cathy.

where [uér]
I. *Adverbio*, dónde, adónde. "**Where** is my satchel?" asked Ben.
II. *Conjunción*, donde, adonde. "Your satchel is **where** you always hang it," replied Granny.

which [uích]
I. *Adjetivo,*
¿qué?, ¿cuál?
"**Which** book do you want?" asked Grandad.

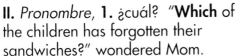

II. *Pronombre,* 1. ¿cuál? "**Which** of the children has forgotten their sandwiches?" wondered Mom.
2. que, lo que, lo cual, el cual. The hotel at **which** we stayed is red.

while [uáyl]
Conjunción, mientras. Grandad fell asleep **while** he was reading the newspaper.

whisper [uísper]
Verbo, susurrar.

whistle [uísel]
Verbo, silbar. Dad always **whistles** when he is taking a bath.

white [uáyt]
Adjetivo, blanco.

who [iu]
Pronombre 1. quien. "**Who** is that lady?" asked Granny. 2. que, el que, quien. The lady **who** watered the plants was Mrs. Brown.

whole [iol]
Adjetivo, entero.
Emma drank
a **whole** glass
of milk.

why [uáy]
Adverbio, por qué. "**Why** is Ben staying in bed?" asked Emma. "Because he has a cold," replied Mom.

wide [uáyd]
Adjetivo, ancho(s), ancha(s). Dad has to cross a busy **wide** road.

wife, wives [uáyf, uáyvs]
Sustantivo, esposa, esposas. Aunt Sarah is Uncle Bill's **wife.**

wild [uáyld]
Adjetivo, salvaje. **Wild** animals are shy of people.

will, would [uíl, uód]
Verbo, auxiliar para formar los tiempos futuro y condicional. Uncle Bill **will** arrive next Sunday.

win, won, has won [uín, uón, jaz uón]
Verbo, ganar.

wind [uínd]
Sustantivo, viento.

window [uíndou]
Sustantivo,
ventana.

wine [uáyn]
Sustantivo,
vino.

wing [uíng]
Sustantivo,
ala.

winner [uíner]
Sustantivo, ganador, ganadora.
Kirsty is the **winner** of the first prize
in the music competition.

winter [uínter]
Sustantivo, invierno.
There are no
leaves on the
trees **in winter.**

wipe [uáyp]
Verbo, limpiar. Mom had to **wipe**
the table because Emma spilled some
milk.

wish [uísh]
I. *Verbo*, desear. Aunt Sarah
phoned to **wish** Cathy a happy
birthday.
II. *Sustantivo* **to make a wish** pensar
un deseo.

witch [uích]
Sustantivo,
bruja.

with [uíth]
Preposición **1.** en compañía de.
Kirsty went to the cinema **with** Cathy.
2. con. Ben did not have his
swimming trunks **with** him so he was
not able to go swimming.

without [uitháut]
Preposición, sin. Ben went to school
without his sandwiches.

wives [uáyvz]
Plural de **wife** esposas.

wizard [uízerd]
Sustantivo,
hechicero.

woke, woken [uók, uóken]
Ver **wake.** Ben missed the bus
because he **woke** up late.

wolf, wolves [uólf, uólvs]
Sustantivo,
lobo,
lobos.

woman, women [uóman, uómen]
Sustantivo, mujer, mujeres. There
were two **women** at the bus stop.

won [uón]
Ver **win.**

wonder [uónder]
Verbo **1.** preguntarse. "I **wonder**
what Cathy will say when she opens
her present," said Mom. **2.** desear
saber. "Which of the children has
forgotten their sandwiches?"
wondered Mom.

wood [uód]
Sustantivo **1.** madera. This bowl is
made of **wood. 2.** bosque. Be
careful not to get lost in the **wood.**

wool [uól]
Sustantivo, lana.

wore [uór]
Ver **wear.** Kirsty **wore** a blue dress
to the party.

work [uérk]
I. *Verbo*, trabajar. Dad **works** in an
office.
II. *Sustantivo*, trabajo, empleo. Dad
goes to **work** every day except
Saturday and Sunday.

world [uérld]
Sustantivo, mundo.

worm [uérm]
Sustantivo,
gusano.

worn [uórn]
Ver **wear.**

worry [uéri]
Verbo, preocuparse. Mom is
worrying because Ben has not come
home from school yet.

worse [uérs]
Adjetivo, peor. The weather is
getting **worse.**

worst [uérst]
Adjetivo, el peor, la peor, los peores,
las peores. Ben had the **worst** mark
on the French test.

would [uód]
Ver **will. 1. would you go?** ¿iría
usted? **2. would you like?** ¿desearía
usted?

wrap [rap]
Verbo, envolver.
Mom and Dad
are **wrapping**
Cathy's birthday
presents.

wrist [rist]
Sustantivo, muñeca.

write, wrote, has written
[ráyt, róut, jaz ríten]
Verbo, escribir.

wrong [rong]
Adjetivo, incorrecto. Ben wrote the
wrong answer on his homework.

wrote [róut]
Ver **write.** Cathy **wrote** a letter to
Aunt Sarah.

yawn [yon]
Verbo, bostezar. Muffin **yawned** and
fell asleep in Grandad's armchair.

year [yíar]
Sustantivo, año. Emma will start
school next **year.**

yellow [yélou]
Adjetivo, amarillo.

yes [yes]
Adverbio, sí. **Yes,** please.

yesterday [yésterdey]
Adverbio, ayer. Ben forgot to do his
homework **yesterday** so he has to do
it today.

yet [yet]
Adverbio **1.** todavía. Ben has not
worn his new boots **yet. 2.** aún. "Has
Uncle Bill arrived **yet?**" asked Cathy.

yogurt [yógurt]
Sustantivo,
yogur.

you [yu]
Pronombre **1.** tú. **2.** ustedes. "Cathy!
Ben! Do **you** both want some tea?"
asked Granny. **3.** usted. "Mrs.
Brown, can **you** please water the
plants while we are away?" asked
Grandad.

young [yáng]
Adjetivo, joven.

your [yóar]
Adjetivo **1.** tu, tus. "Ben, here is **your** satchel," said Mom. **2.** vuestro(s), vuestra(s) "Cathy! Ben! Here are **your** sandwiches," said Granny. **3.** su, sus. "Here is **your** watering can, Mr. Bridges," said Mrs. Brown.

yourself, yourselves [yorsélf, yorsélvs]
Pronombre, tú mismo, usted mismo. "Did you paint this picture **yourself?**"

Z

zebra [zíbra]
Sustantivo, cebra.

zebra crossing [zíbra krósing]
Sustantivo, paso de cebra (Inglaterra). The children crossed the road at the **zebra crossing.**

zero [zéro]
Adjetivo, cero.

zipper [zíper]
Sustantivo, cremallera.
Mom bought a zipper.

zoo [zu]
Sustantivo, parque zoológico.

zookeeper [zúkiper]
Sustantivo, guarda del parque zoológico. The **zookeeper** is feeding the monkeys bananas.

Dibujos Organizados por Tema

Our family

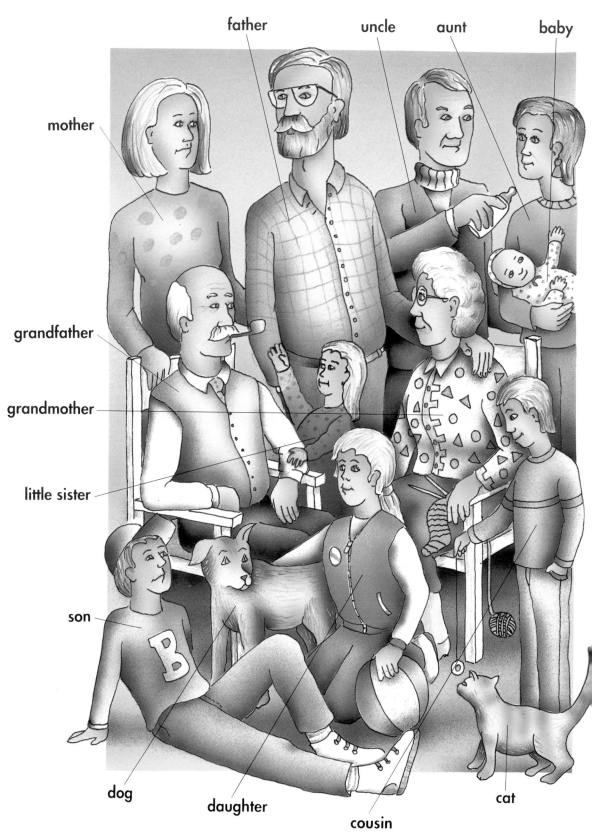

mother

father

uncle

aunt

baby

grandfather

grandmother

little sister

son

dog

daughter

cousin

cat

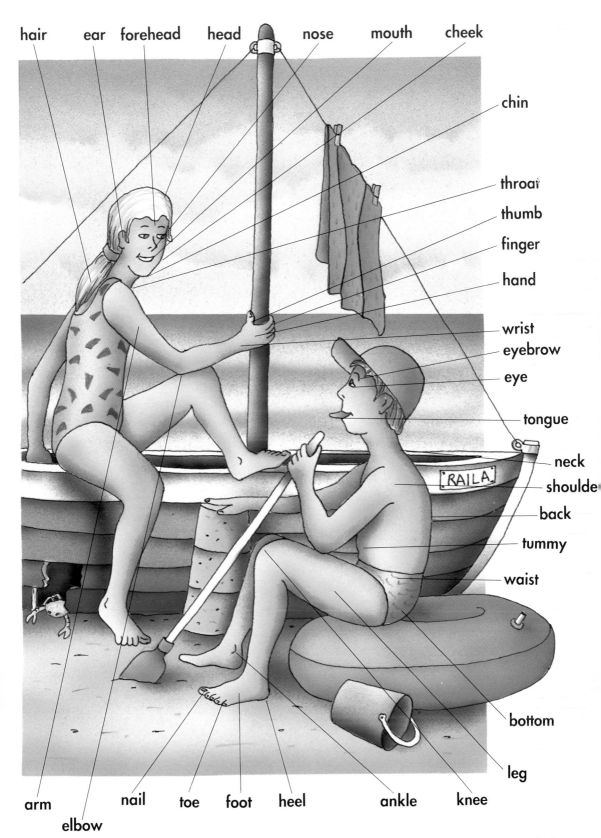

hair ear forehead head nose mouth cheek

chin

throat
thumb
finger
hand

wrist
eyebrow
eye

tongue

neck
shoulder
back
tummy
waist

bottom

leg

arm
elbow
nail toe foot heel ankle knee

RAILA

My bedroom

picture

photograph

camera

lamp

mirror

spaceship

flashlight

alarm clock

teddy bear

switch

bed

pillow

chair

comb

watch

pyjamas

marbles

carpet

sheet

blanket

slipper

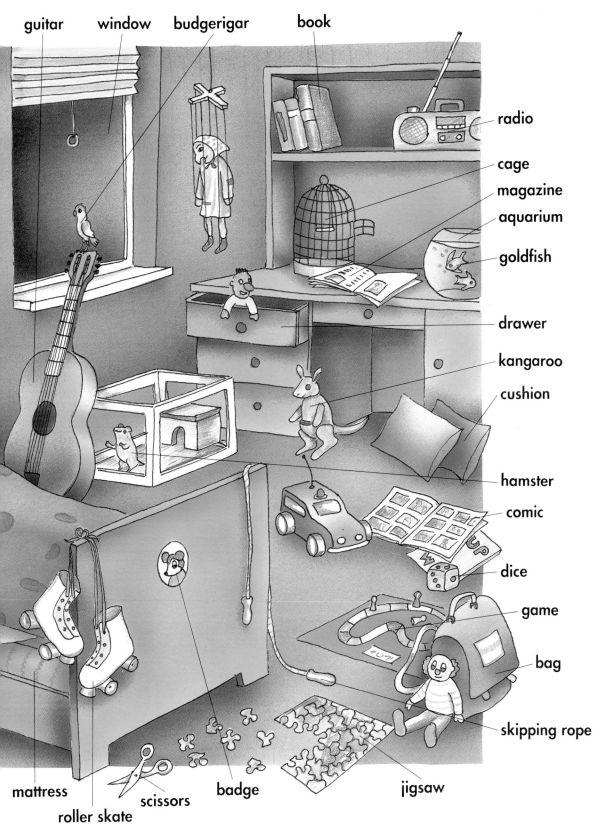

guitar   window   budgerigar   book

radio

cage

magazine

aquarium

goldfish

drawer

kangaroo

cushion

hamster

comic

dice

game

bag

skipping rope

mattress   badge   jigsaw

scissors

roller skate

125

Our clothes

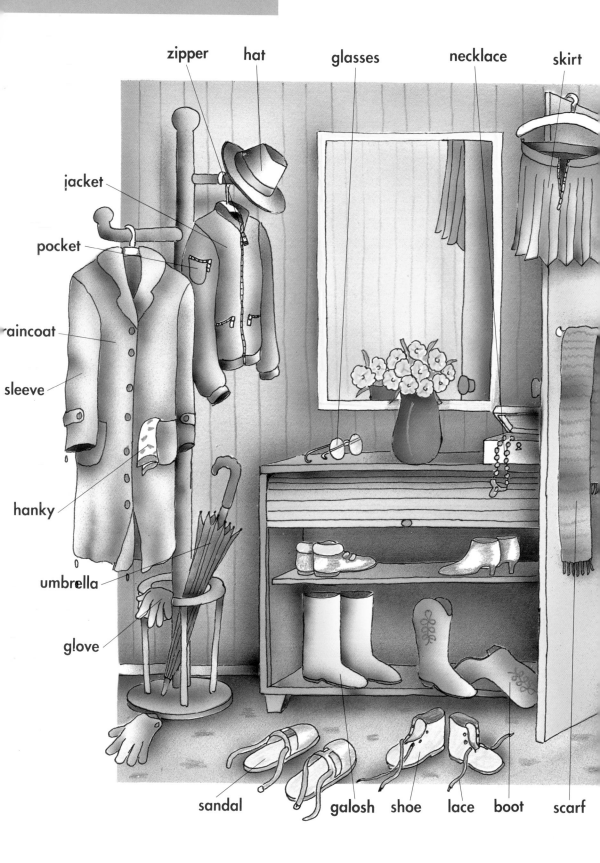

zipper

hat

glasses

necklace

skirt

jacket

pocket

raincoat

sleeve

hanky

umbrella

glove

sandal

galosh

shoe

lace

boot

scarf

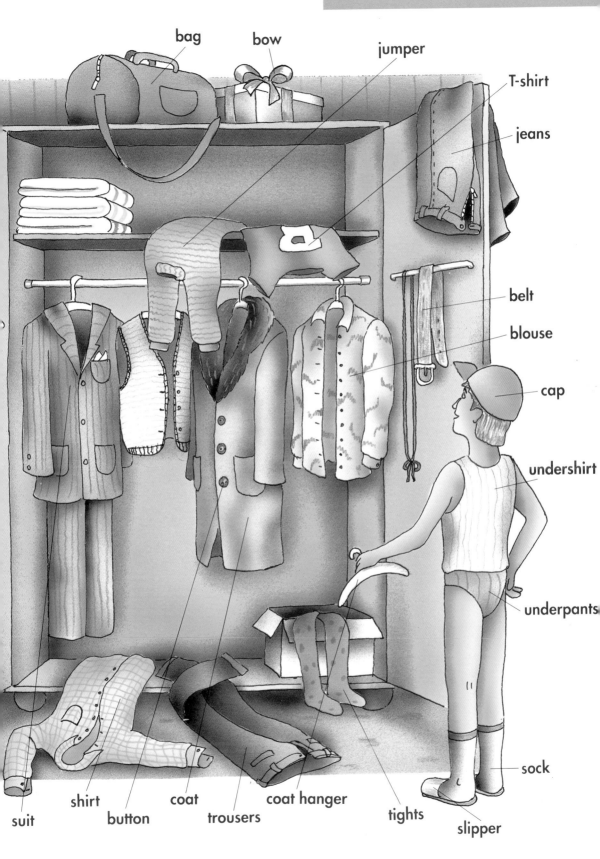

bag

bow

jumper

T-shirt

jeans

belt

blouse

cap

undershirt

underpants

suit

shirt

button

coat

trousers

coat hanger

tights

slipper

sock

House and garden

chimney

loft

rocking chair

balcony

roof

kitchen

fridge

cupboard

stove

sink

bin

dining room

table

bathroom

shower

basin

toilet

bathtub

wall

bell

basement

washing machine

step

door

floor

telephone

stairs

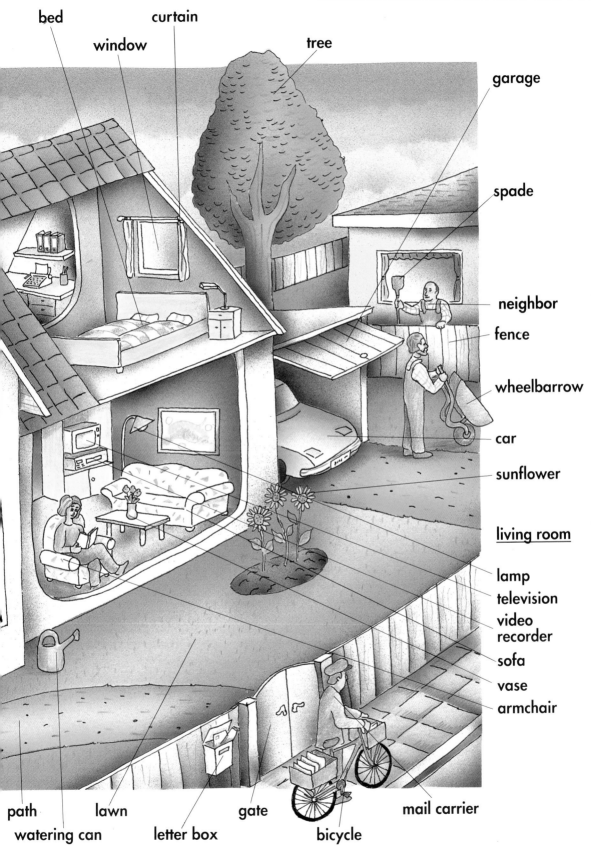

bed
curtain
window
tree
garage
spade
neighbor
fence
wheelbarrow
car
sunflower

<u>living room</u>

lamp
television
video
recorder
sofa
vase
armchair

path
lawn
gate
mail carrier
watering can
letter box
bicycle

In the classroom

letter

alphabet

calendar

chalk

bell

clock

blackboard

plant

teacher

shelf

book

computer

pyramid

map of
the world

brush

mug

18×4

chair

pupils

sheet of paper

desk

ink

exercise book

satchel

textbook

note

pin

postcard

calculator

pen

eraser

paper

letter

stamp

envelope

dictionary

page

string

chewing gum

key

candy

map

penknife

crayon

pencil

marker

ruler

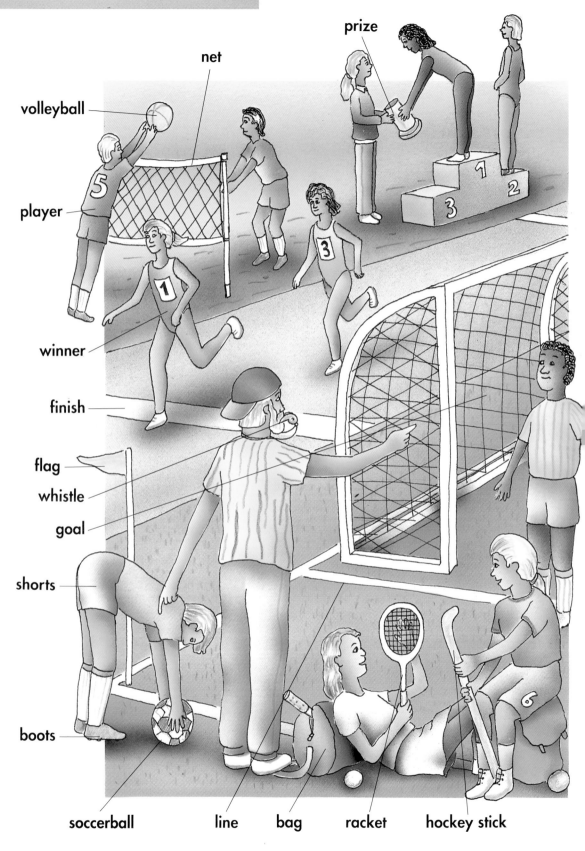

volleyball

net

prize

player

winner

finish

flag

whistle

goal

shorts

boots

soccerball

line

bag

racket

hockey stick

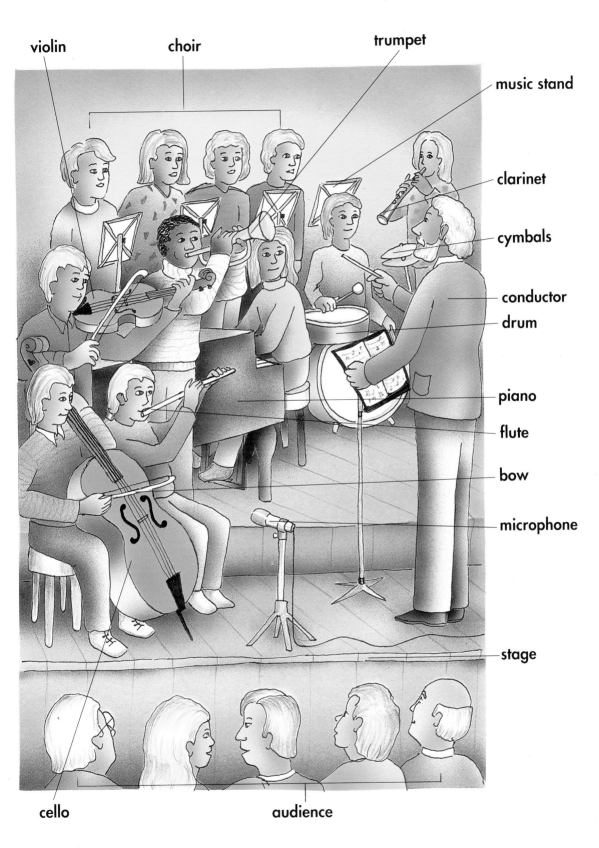

violin

choir

trumpet

music stand

clarinet

cymbals

conductor

drum

piano

flute

bow

microphone

stage

cello

audience

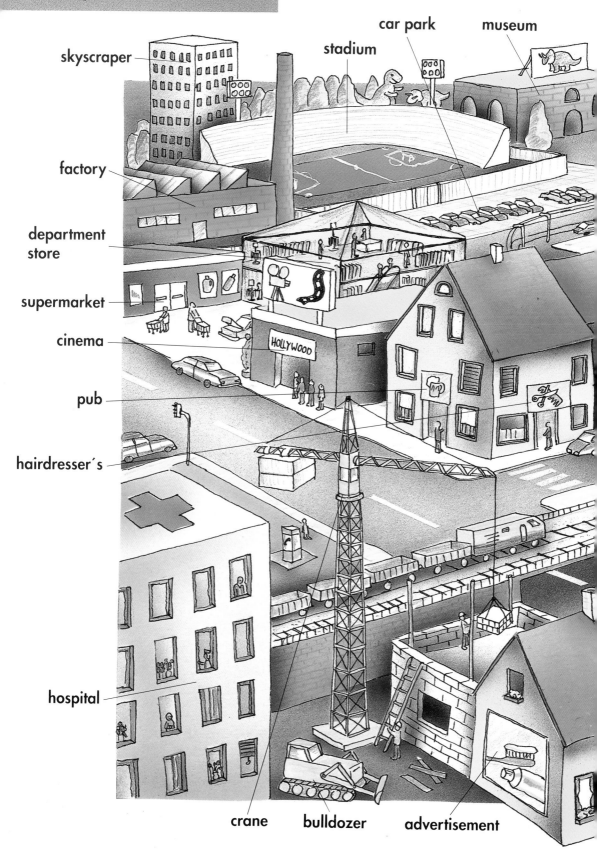

skyscraper

stadium

car park

museum

factory

department store

supermarket

cinema

pub

hairdresser's

hospital

HOLLYWOOD

crane

bulldozer

advertisement

134

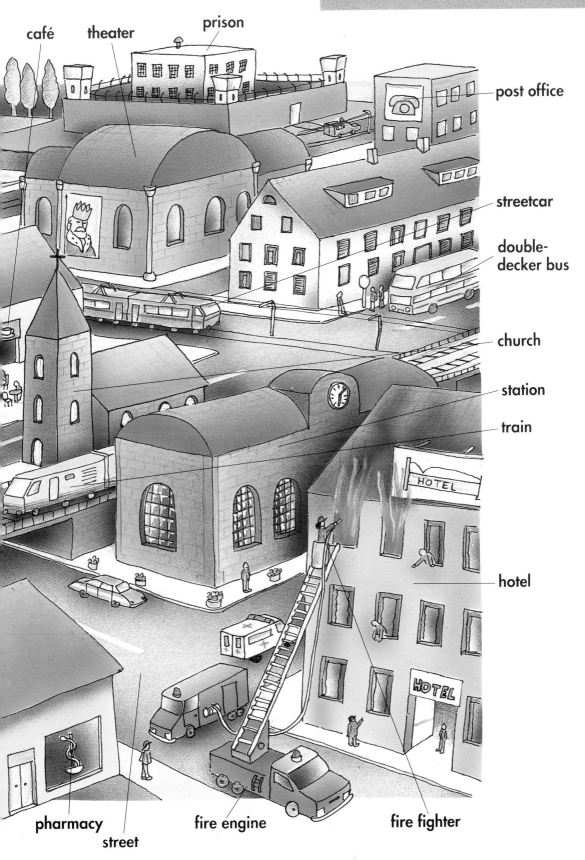

café

theater

prison

post office

streetcar

double-decker bus

church

station

train

hotel

pharmacy

street

fire engine

fire fighter

On the road

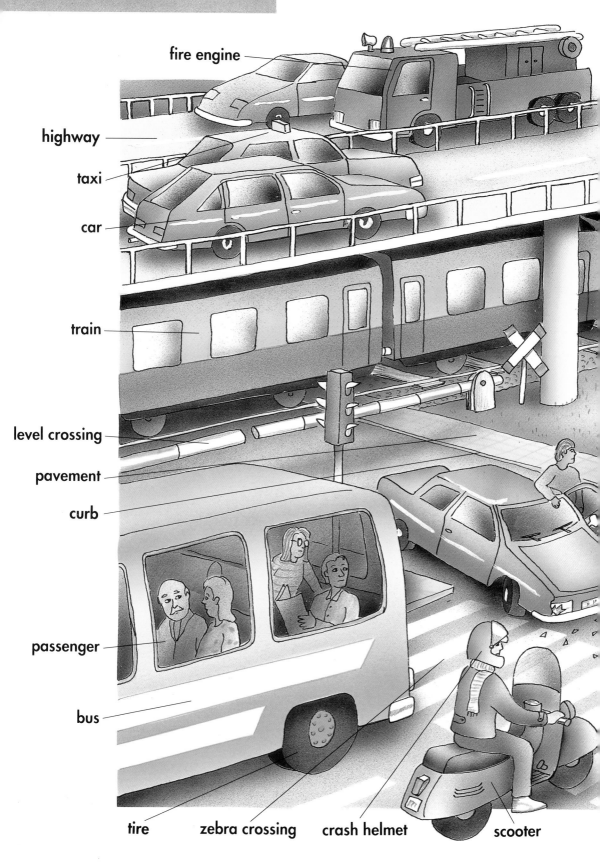

fire engine

highway

taxi

car

train

level crossing

pavement

curb

passenger

bus

tire · zebra crossing · crash helmet · scooter

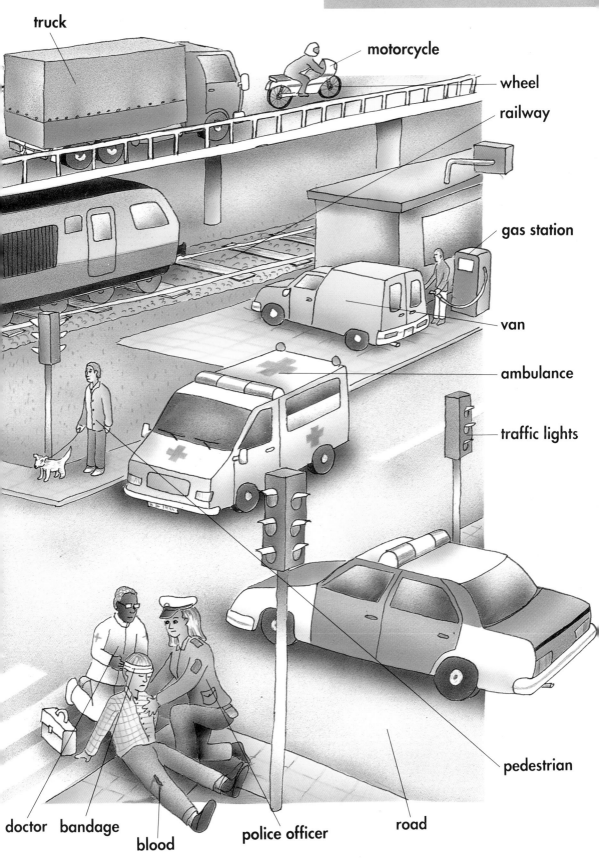

truck

motorcycle

wheel

railway

gas station

van

ambulance

traffic lights

pedestrian

road

doctor bandage

blood

police officer

137

At the market

fish

ice cream

butcher's

stall

bunch of grapes

cucumber

pear

basket

apple

box   orange   lemon   cherry   banana

strawberry

baker's

flowers

cheese

plum

price

scales

coconut

lettuce

pepper

mushroom

bean

pumpkin

pineapple

onion

tomato

potato

In the self-service restaurant

sandwich

bottle of beer

chips

steak

gravy

carton of orange juice

milk

cook

chocolate

soup

jug

coffee

table

yoghurt

pizza

fork

knife

bottle of wine

jam

money

purse

140

glass
box
bottle
salad
bun
doughnut
cake
egg
ham
bread
cheese
spaghetti
straw
spoon
cup
saucer
tea
sugar
plate
sausage
ketchup
salt
pepper

141

At the campsite

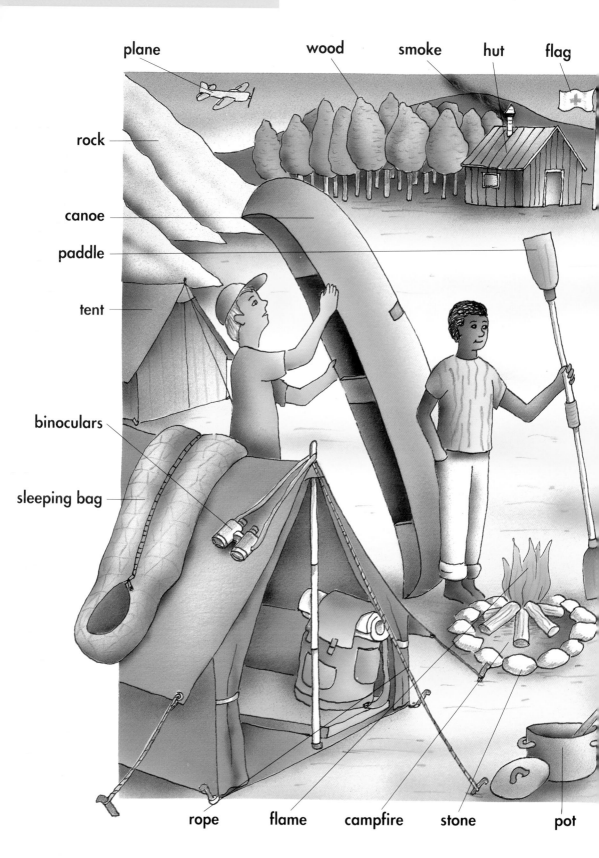

plane

wood

smoke

hut

flag

rock

canoe

paddle

tent

binoculars

sleeping bag

rope

flame

campfire

stone

pot

seagull sun sky island

sail

boat

net
snorkel

crab
radio
lollipop

ice cream

shell

swimming trunks

spade

bucket

swimsuit towel sunglasses magazine sand

143

In the park

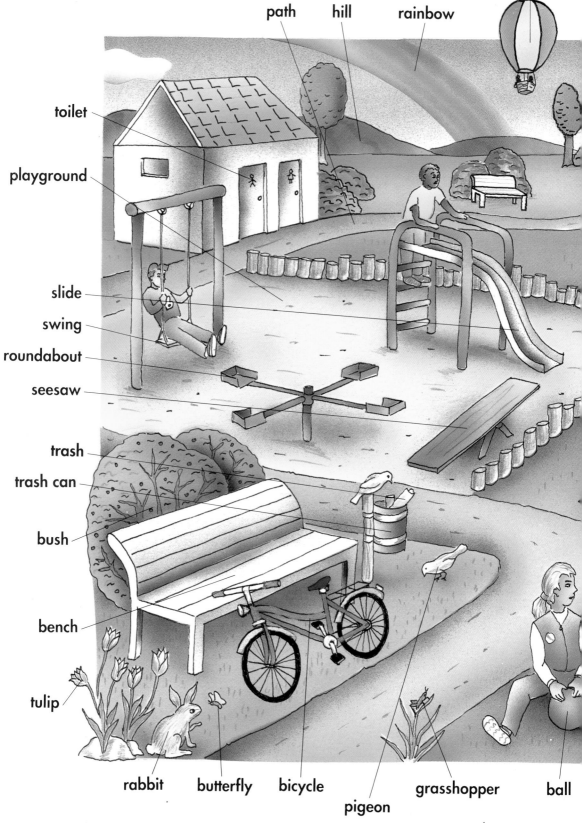

hot-air balloon

path

hill

rainbow

toilet

playground

slide

swing

roundabout

seesaw

trash

trash can

bush

bench

tulip

rabbit

butterfly

bicycle

pigeon

grasshopper

ball

cloud

kite

deer

statue

tree

bird

nest

leaf

branch

artist

pile of leaves

squirrel

mushroom

swan

pond

root

hedgehog

duck

frog

sandwich

picnic

gardener

duckling

145

On the farm

tree
bridge
field
farmer
lamb

fox

fence

dog

barn

hay

cat

paw

puppy

ladder

pony

mouse
donkey
kitten
goose
goat
rooster
chick
hen

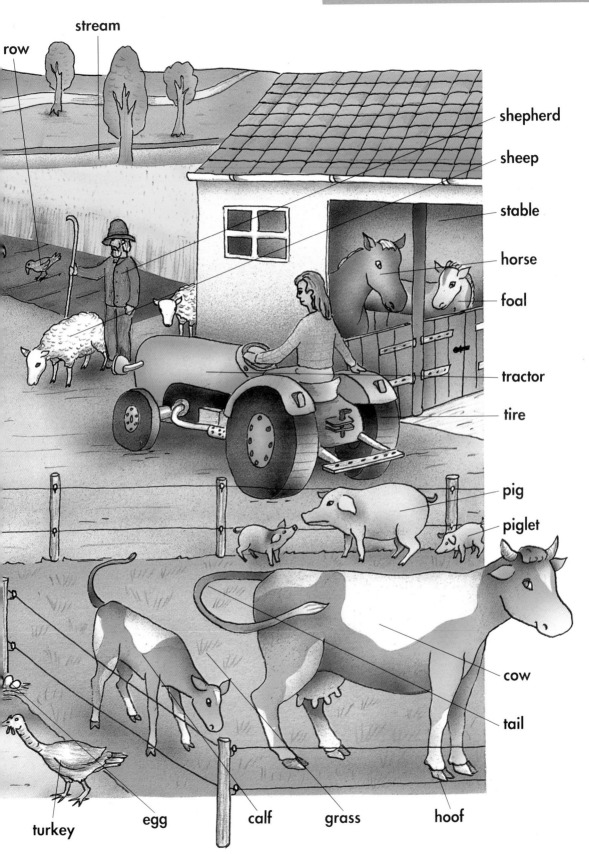

row

stream

shepherd

sheep

stable

horse

foal

tractor

tire

pig

piglet

cow

tail

turkey

egg

calf

grass

hoof

At the zoo

koala

entrance

line

snake

beak

wing

parrot

eagle

owl

cage

cheetah

tiger

monkey

gorilla

tail

crocodile

ostrich   zebra   camel   giraffe

elephant

sign

penguin

tortoise

seal

panda

bear

rhinoceros

paw   bone   lion

hippo(potamus)

149

Time and date

Months of the year:

January   February   March   April   May

June   July   August   September   October

November   December

Seasons:

winter   spring

autumn   summer

five o´clock   quarter past five

half past five   quarter to six

Days of the week:

Monday	3
Tuesday	4
Wednesday	5
Thursday	6
Friday	7
Saturday	8
Sunday	9

Times of day:

morning

midday

afternoon

evening

night

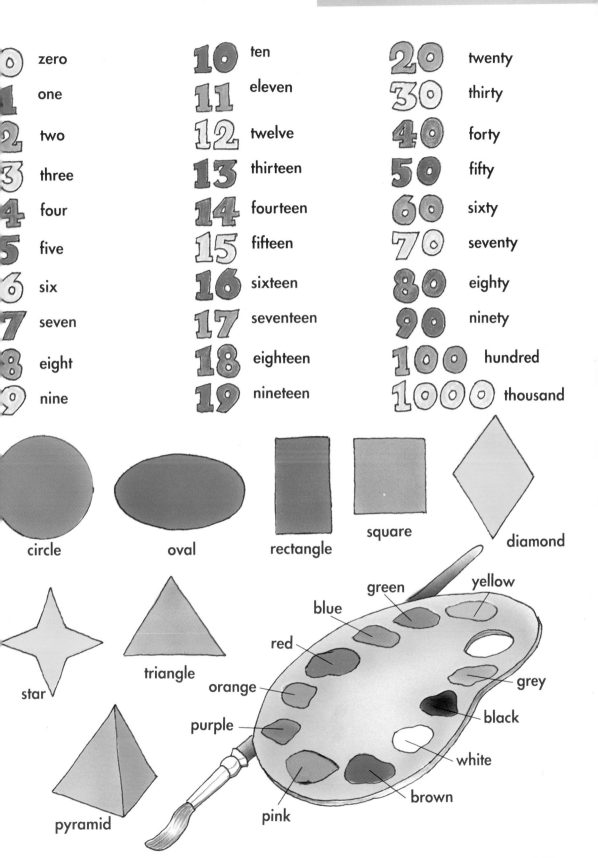

0 zero	10 ten	20 twenty
1 one	11 eleven	30 thirty
2 two	12 twelve	40 forty
3 three	13 thirteen	50 fifty
4 four	14 fourteen	60 sixty
5 five	15 fifteen	70 seventy
6 six	16 sixteen	80 eighty
7 seven	17 seventeen	90 ninety
8 eight	18 eighteen	100 hundred
9 nine	19 nineteen	1000 thousand

circle

oval

rectangle

square

diamond

star

triangle

pyramid

green

yellow

blue

red

orange

purple

pink

grey

black

white

brown

jumping **off**

dancing **round**

sitting **in**

sitting **on**

standing **in front of**

standing **on top of**

lying **between**

crawling **through**

leaning **against**

hiding **behind**

152

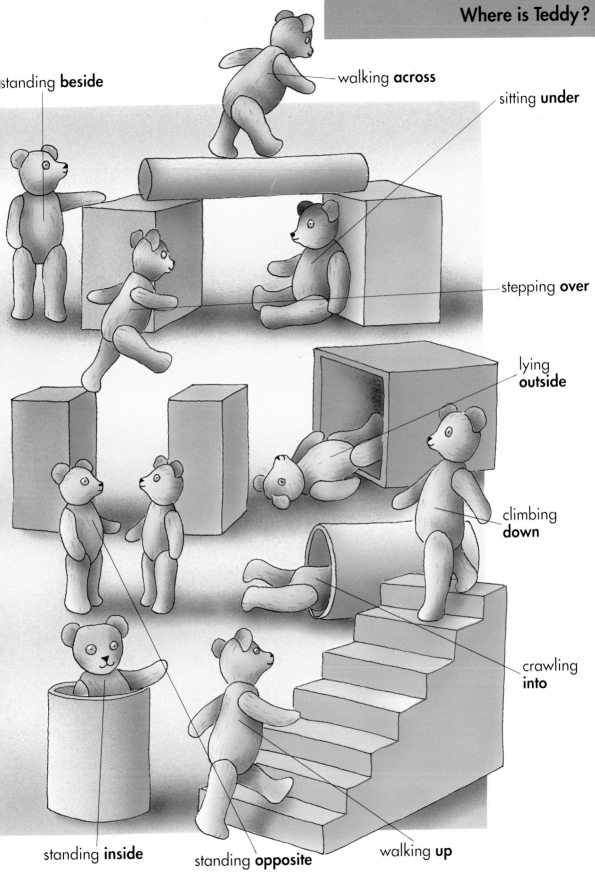

standing **beside**

walking **across**

sitting **under**

stepping **over**

lying **outside**

climbing **down**

crawling **into**

standing **inside**

standing **opposite**

walking **up**

153

Diccionario Inverso

A

a	at [at]
	by [bay]
	to [tu]
a través de	across [akrós]
a veces	sometimes [sámtaymz]
abajo	below [biló]
	down [daun]
	downstairs [daunstérz]
abeja	bee [bi]
abierto	open [ópen]
abrazar	hug [jag]
abrazo	hug [jag]
abrigo	coat [kóut]
abril	April [éypril]
abrir	open [ópen]
abuela	grandmother [grandmáther]
abuelita	granny [gráni]
abuelito	grandad [grándad]
abuelo	grandfather [grandfáther]
abuelos	grandparents [grandpérents]
acá	here [jíar]
acabar	finish [fínish]
acampar	camp [kamp]
acariciar	stroke [stróuk]
accidente	accident [áksident]
aceite o petróleo	oil [oyl]
aceptar	accept [aksépt]
acordarse	remember [rimémber]
acostarse	lie [lay]
acostum- braba(n)	used to [yusd tu]
actor, actriz	actor, actress [áktor, áktres]
acuario	aquarium [akuérium]
acusar	blame [bléym]
adelantar	pass [pas]
adelante	forward [fóruerd]
adentro	inside [insáyd]

adicional	extra [ékstra]
adiós	bye [bay]
	goodbye [gudbáy]
adivinar	guess [ges]
admitir	admit [admít]
adornar	decorate [dékoreyt]
adulto	grown up [groun ap]
advertir	warn [uórn]
aeroplano	plane [pléyn]
aeropuerto	airport [érport]
afeitar(se)	shave [sheyv]
afición	hobby [jóbi]
Africa	Africa [áfrika]
africano	African [áfrikan]
agarrar	catch [kach]
agosto	August [ógest]
agradable	nice [nays]
	pleasant [plésent]
agrio	sour [sáuer]
agua	water [uáter]
agudo, afilado	sharp [sharp]
águila	eagle [igl]
aguja	needle [nidl]
ahora	now [nau]
ahorrar	save [séyv]
aire	air [éar]
al	at [at]
al lado de	beside [bisáyd]
	next [nekst]
al lado opuesto de	opposite [óposit]
al revés	inside [insáyd]
ala	wing [uíng]
álbum	album [álbum]
alcoba	bedroom [bédrum]
aldea	village [víledj]
alegre	cheerful [chírful]
alegría	joy [djoy]
alemán, alemana	German [djérman]
Alemania	Germany [djérmani]
alentar	cheer [chir]
alfabeto	alphabet [álfabet]
alfiler	pin [pin]

alfombra	carpet [kárpet]	ángel	angel [éyndgel]
algo	some [sam]	anillo, aro	ring [ring]
	something [sámthing]	animal	animal [ánimal]
alguien	somebody, someone	animal	pet [pet]
	[sámbadi, sámuan]	doméstico	
alguna	somewhere [sámuer]	año	year [yíar]
parte		anochecer	sunset [sánset]
algunos	several [séveral]	ansioso	eager [íger]
	some [sam]	anteojos	glasses [glásez]
alimentar	feed [fid]	anteojos de	binoculars [binákiulers]
allí, allá	there [ther]	larga vista	
almacén,	department store	anterior	before [bifór]
tienda	[dipártment stor]	antes	before [bifór]
almohada	pillow [pílou]	antipático	horrible [jóribl]
almohadilla	pad [pad]	anuncio	advertisement
almuerzo	lunch [lanch]		[advertáizment]
alojarse	stay [stey]	apagado	off [of]
alrededor	around [aráund]	apagar	switch off [suich of]
de		aparecer	appear [apír]
alrededores	surroundings	apartamento	flat [flat]
	[saráundings]	(Inglaterra)	
alto	tall [tol]	apellido	surname [súrneym]
alto, alta,	high [jay]	apenas	hardly [járdli]
altos, altas		aplaudir	clap [klap]
alumno,	pupil [piúpl]	apostar	bet [bet]
alumna		apoyar(se)	lean [lin]
amable	kind [káynd]	aprender	learn [lern]
	nice [nays]	apresurar(se),	rush [rash]
amanecer	sunrise [sánrayz]	precipitar	hurry [járri]
amar	love [lov]	(se)	
amarillo	yellow [yélou]	apretar	press [pres]
ambos	both [both]		squeeze [skuiz]
ambulancia	ambulance [ámbyulens]	aprobar	pass [pas]
América	America [amérika]	apuntar	aim [éym]
americano,	American [amérikan]	apuntar(se)	score [skor]
americana		aquí	here [jíar]
amigo,	friend [frend]	araña	spider [spáyder]
amiga		arañar	scratch [skrach]
amor	love [lov]	árbol	tree [tri]
añadir	add [ad]	árbol de	Christmas tree
ananás	pineapple [páynapl]	Navidad	[krísmas tri]
anaranjado	orange [órendj]	arco	bow [bou]
ancho(s),	wide [uáyd]	arco iris	rainbow [réynbou]
ancha(s)		ardilla	squirrel [skuérl]
ancla	anchor [ánkor]	área, región	area [éria]
andar de	tiptoe [típto]	arena	sand [sand]
puntillas		arma de	gun [gan]
andén	platform [plátform]	fuego	

armario	cupboard [kábord]
arrastrarse	crawl [krol]
arreglar	fix [fiks]
	mend [mend]
	tidy [táydi]
arrestar	arrest [arést]
arriba	above [abóv]
	up [ap]
	upstairs [apstérz]
arroyo	stream [strim]
arroz	rice [ráys]
arte	art [art]
artista	artist [ártist]
asa	handle [jándl]
asado	roast [róust]
asaltante	mugger [máger]
asar	roast [róust]
asear	clean [klin]
asentir	nod [nod]
Asia	Asia [éyzia]
asiático, asiática	Asian [éyzien]
asiento	seat [sit]
asociarse	join [djoyn]
áspero	scratchy [skráchi]
áspero, rudo, tempestuoso	rough [raf]
astronauta	astronaut [ástronat]
asunto, tema	subject [sábdjekt]
asustar	frighten [fráyten]
atacar	attack [aták]
ataque	attack [aták]
atar	tie [tay]
aterrizar	land [land]
atestado	crowded [kráuded]
atornillador	screwdriver [skrúdrayver]
atornillar	screw [skru]
atrapar, aprisionar	trap [trap]
atrás	back [bak]
atreverse	dare [der]
atrevido	cheeky [chíki]
atril	music stand [miúzik stand]
aula	classroom [klásrum]
aún	yet [yet]
aunque	although [olthó]

auriculares	headphones [jédfons]
ausente	absent [ábsent]
Australia	Australia [ostrélia]
australiano, australiana	Australian [ostrélian]
Austria	Austria [óstria]
austríaco, austríaca	Austrian [óstrien]
autobús	bus [bas]
autobús de dos pisos	double-decker [dabldéker]
automóvil	car [kar]
aventura	adventure [advéncher]
avestruz	ostrich [óstrich]
avión	airplane [érpleyn]
avisar	advise [adváiz]
aviso	advertisement [advertáizment]
avispa	wasp [uásp]
ayer	yesterday [yésterdey]
ayuda	help [jelp]
ayudar	help [jelp]
azúcar	sugar [shúgar]
azul	blue [blu]

B

bailar	dance [dans]
bailarina	dancer [dánser]
bajo	low [lou]
balancín	seesaw [síso]
balanza	scales [skeyls]
balcón	balcony [bálconi]
balde	bucket [báket]
ballena	whale [uéyl]
ballet	ballet [balé]
balón	balloon [balún]
bañarse	bath (to take a) [bath]
banco (asiento)	bank [bank]
banco (comercial)	bench [bench]
bandada	flock [flak]
bandera	flag [flag]
baño	bath [bath]
barato	cheap [chip]
barba	beard [bird]
barco	ship [ship]
barra	bar [bar]
barriga	tummy [támi]

barro	mud [mad]	bonito	lovely [lóvli]
bastante	rather [ráther]	bosque	forest [fórest]
basura	litter [líter]		wood [uód]
	rubbish [rábesh]	bostezar	yawn [yon]
bate	bat [bat]	bota	boot [but]
batería	battery [báteri]	botas	welly [uéli]
(automotriz)			(Inglaterra)
batería	drums [dráms]		galoshes [galóshes]
(musical)			(E.U.A.)
baya	berry [béri]	bote	boat [bout]
bebé	baby [béybi]	botella	bottle [botl]
beber	drink [drink]	botón	button [bátn]
belga	Belgian [Béldjian]	boxeador	boxer [bákser]
Bélgica	Belgium [Béldjium]	bravo	brave [bréyv]
belleza	beauty [biúti]	brazo	arm [arm]
besar	kiss [kis]	Bretaña	Britain [brítn]
beso	kiss [kis]	brillante	bright [bráyt]
betún	shoe polish [shu pólish]	brillar	shine [shayn]
biblioteca	library [láybreri]	brincar	bounce [báuns]
bicicleta	bicycle [báysikl]		hop [jap], skip [skip]
bicicleta de	mountain bike	británico	British [brítish]
montaña	[máunten bayk]	brocha	brush [brash]
bien	all right [ol ráyt]	broma	joke [djóuk]
	well [uél]	bruja	witch [uích]
bienvenido	welcome [uélkom]	budín	pudding [púding]
biftec	steak [steyk]	bueno	good [gud]
billete,	ticket [tíket]		fine [fayn]
entrada		bufanda,	scarf, scarves
billete de	banknote [bánknout]	bufandas	[skarf, skarvs]
banco		buñuelo	doughnut [dónut]
billetera	wallet [uálet]	burbuja	bubble [bóbl]
bizcocho	cake [keyk]	burro	donkey [dónki]
blanco	white [uáyt]	buscar	search [serch]
bloque	brick [brik]		look for [luk for]
blusa	blouse [bláus]		pick up [pik ap]
boca	mouth [máuth]	búsqueda	quest [kuést]
bocado	snack [snak]	buzón	letterbox [léterbaks]
bocina	horn [jorn]		
bodas	wedding [uéding]	**C**	
bola de nieve	snowball [snóubol]		
bolita	marble [márbl]	cabalgar	ride [ráyd]
bollo	bun [ban]	caballero	knight [nayt]
bolsa	purse [pers]	(andante)	
bolsillo	pocket [póket]	caballero,	gentleman, gentlemen
bolso	bag [bag]	caballeros	[djéntlman, djéntlmen]
bomba de	fire engine [fayr éndjin]	caballito,	pony [póni]
incendios		poni	
bombero	firefighter [fayrfayter]	caballo	horse [jors]
bonita	pretty [príti]	caballo	rocking horse
		mecedor	[ráking jors]

157

cabeza	head [ied]	camiseta de	cardigan [kárdigan]
cabra	goat [gout]	lana	
cacahuete	peanut [pínat]	campamento	campsite [kámpsayt]
cacerola	saucepan [sóspan]	campana	bell [bel]
cada	each [ich]	campo	field [fild]
	every [évri]	campo	playing field
cada uno	everyone [évriuan]	deportivo,	[pléying fild]
caer	fall [fol]	cancha	
caer dormido	fall asleep [fol aslíp]	Canadá	Canada [kánada]
café (lugar)	café [kafé]	canadiense	Canadian
café (bebida)	coffee [kófi]		[kanédian]
caja	box [baks]	canción	song [song]
cajón, arca	box [baks]	cangrejo	crab [krab]
calabaza	pumpkin [pámpkin]	canguro	kangaroo [kengerú]
calcetín	sock [sak]	canoa	canoe [kanú]
calculador	calculator	cansado	tired [táyrd]
	[kálkuleyter]	cantante	singer [sínger]
calefacción	heating [jíting]	cantar	sing [sing]
calendario	calendar [kálendar]	cantidad	amount [amáunt]
cálido	warm [uórm]	cantidad,	sum [sam]
caliente	hot [jat]	suma	
calificaciones	school report	capaz	able [éybl]
escolares	[skul ripórt]	capitán	captain [kápten]
callado	quiet [kuáyet]	cara	face [feys]
calle	street [strit]	caracol	snail [sneyl]
calor	heat [jit]	cárcel	prison [prízen]
calzoncillos	shorts [shortz]	carne	meat [mit]
	underpants	carne de	pork [pork]
	[ánderpants]	cerdo	
cama	bed [bed]	carne de res	beef [bif]
cámara	camera [kámera]	carnicería	butcher's [búchers]
camarero,	waiter, waitress	carnicero,	butcher [búcher]
camarera	[uéyter, uéytres]	carnicera	
cambiar	change [cheyndj]	carrera	race [reys]
camello	camel [kámel]	carretera	motorway [mótoruey]
camilla	litter [líter]	carretilla	wheelbarrow
caminar	walk [uók]		[uílbarou]
caminata	walk [uók]	carrito	trolley [tráli]
camino	road [róud]	carta	letter [léter]
	lane [leyn]	cartero	postman (Inglaterra) o
camino,	way [uey]		mail carrier (E.U.A.)
dirección			[póustman, méil kárrier]
camión	truck [trak]	casa (hogar)	home [jom]
(E.U.A.)		casa (edificio)	house [jáus]
camión	lorry [lóri]	casa de	dollhouse [dáljaus]
(Inglaterra)		muñecas	
camisa	shirt [shert]	casar(se)	marry [méri]
camiseta	sweatshirt [suétshert]	cascada	waterfall [uáterfol]
	T-shirt [ti-shert]	cáscara	peel [píyl]

158

casco	crash helmet [krash jélmet]	cerrar con llave	lock [lak]
casco, pezuña	hoof, hooves [juf, juvs] (sing. & pl.)	cerro	hill [jil]
casete	cassette [kasét]	cerveza	beer [bir]
casetera	cassette player [kasét pléyer]	césped	lawn [lon]
		cesta	basket [básket]
casi	about [abáut]	ciego	blind [blaynd]
	almost [ólmost]	cielo	heaven [jéven]
casi nunca	hardly [járdli]	cielo	sky [skay]
castaña	chestnut [chéstnat]	cielo raso	ceiling [síling]
castigar	punish [pánish]	cien, ciento	hundred [jándred]
castillo	castle [kásel]	ciervo, cierva	deer [dir]
catorce	fourteen [fortín]	cilindro	cylinder [sílender]
causar	make [meyk]	cima	top [top]
cavar	dig [dig]	címbalos	cymbals [símbels]
cazar	hunt [jant]	cinco	five [fayv]
	catch [kach]	cincuenta	fifty [fífti]
cebolla	onion [ónyon]	cine	cinema [sínema]
cebra	zebra [zíbra]	cinta	tape [teyp]
ceja	eyebrow [áybrau]	cintura	waist [ueyst]
celebrar	celebrate [sélebreit]	cinturón	belt [belt]
celebrar (una reunión)	hold [jold]	cinturón de seguridad	seatbelt [sítbelt]
cena	dinner [díner]	circo	circus [sérkes]
	supper [súper]	círculo	circle [sérkel]
centavo	penny [péni]	ciruela	plum [plam]
centavos	pence [pens]	cisne	swan [suan]
centro	center [sénter]	cita	date [deyt]
cepillar	brush [brash]	ciudad	city [síti]
cepillo de dientes	toothbrush [túthbrash]	clarinete	clarinet [klárinet]
		claro	clear [klir]
cera o líquido para pulir	polish [pólish]	clase (estudiantil)	class [klas]
cerca	near [níar]	clase (tipo)	kind [káynd]
	around [aráund]	clavo	nail [neyl]
	close [klous]	club	club [klab]
cerca de	by [bay]	coala	koala [koala]
cerdito	piglet [píglet]	cocer en horno	bake [beyk]
cerdo	pig [pig]	cochecito de bebé	pram (Inglaterra) o baby carriage (E.U.A.) [pram, béibi káridj]
cereal de maíz	cornflakes [kórnfleyks]		
cereza	cherry [chérri]	cocina	kitchen [kíchen]
cerilla, fósforo	match [mach]	cocinar	cook [kuk]
		cocinero, cocinera	cook [kuk]
cero	zero [zéro]		
cerrado	closed [klouzd]	coco	coconut [kókanat]
cerrar	close [klouz]	cocodrilo	crocodile [krókodail]
	shut [shat]	codicioso	greedy [grídi]

codo	elbow [élbou]	con	with [uíth]
cohete	rocket [ráket]	concha	shell [shel]
cojín	cushion [kúshen]	concierto	concert [kónsert]
cola	tail [teyl]	concluir	finish [fínish]
colchón	mattress [mátres]	conductor,	conductor [kondócter]
colección	collection [kolékshon]	cobrador	
coleccionar	collect [kolékt]	conductor,	driver [dráyver]
colgador	coat hanger [kout jánger]	conductora	
colgar	hang [jang]	conejo	rabbit [rábit]
coliflor	cauliflower [káliflauer]	confiar	trust [trast]
		congelar	freeze [friz]
colina	hill [jil]	congestión	jam [djam]
collar	chain [cheyn]	conmutador	switch [suích]
	necklace [nékles]	cono	cone [kóun]
colocar	put [put]	conocer	know [nou]
	lay [ley]	conocer(se)	meet [mit]
color	color [kólor]	consentir	agree [agrí]
columpio	swing [suíng]	construir	build [bild]
comba	skipping-rope [skíping roup]	consumir	burn [bern]
		contar	count [kaunt]
comedor	dining room [dáyning rum]		tell [tel]
		contar,	report [ripórt]
comer	eat [it]	reportar	
comida	food [fud]	contento	glad [glad]
	meal [mil]	contestar	answer [ánser]
comisaría de	police station [polís stéyshen]	continuar	continue [kontíniu]
policía		continuar	keep [kip]
como	as [az]	haciendo	
cómo	how [jau]	algo	
como,	like [layk]	contra	into [íntu]
tal como			against [agénst]
cómoda	chest of drawers [chest of drors]	contrario	opposite [óposit]
		convidar	treat [trit]
cómodo	comfortable [kómftabl]	copia	copy [kópi]
compadecer	sorry [sári]	copiar	copy [kópi]
comparar	compare [kompér]	corazón	heart [jart]
compartir	share [sher]	corbata	tie [tay]
competencia	competition [kampetíshen]	cordero	lamb [lam]
		cordón de	lace [leys]
completa-	altogether [oltugéther]	zapato	
mente		coro	choir [kuáyer]
completar	finish [fínish]	corona	crown [kráun]
comportarse	behave [bijéyv]	correcto	correct [korékt]
comprar	buy [bay]		proper [próper]
comprender,	understand [anderstánd]		right [rayt]
enteder		corredor	corridor [kórider]
computadora	computer [kompiúter]		hall [jol]
		corregir	correct [korékt]

160

correr	run [ran]	cuchillo,	knife, knives
cortaplumas	penknife [pénnayf]	cuchillos	[nayf, nayvs]
cortar	cut [kat]	cuello	neck [nek]
cortés	polite [poláyt]	cuenta	bill [bil]
cortina	curtain [kérten]	cuento	story [stóri]
corto	short [short]	cuento de	fairy tale [féri teyl]
cosa	thing [thing]	hadas	
cosecha	harvest [járvest]	cuerda	line [layn]
coser	sew [so]		rope [róup]
costa	coast [koust]	cuero	leather [léther]
	seashore [síshor]	cuerpo	body [bádi]
costar	cost [kost]	cuervo	crow [krou]
costoso, caro	expensive [ekspénsiv]	cueva	cave [keyv]
crecer	grow [gro]	cuidado,	care [ker]
creer	believe [bilív]	atención	
	think [think]	cuidadoso	careful [kérful]
crema	cream [krim]	cuidar	look [luk]
cremallera	zipper [zíper]	culebra	snake [sneyk]
críquet	cricket [kríket]	cultivar	grow [gro]
crudo	raw [ro]	cumpleaños	birthday [bérthdey]
cruel	cruel [krúel]	cuna	cradle [kréydel]
crujiente,	crisp [krísp]	cura,	priest [prist]
tostado		sacerdote	
cruz	cross [kros]	curioso	curious [kiúrias]
cruzar	cross [kros]	curva	bend [bend]
cruzarse	pass [pas]		

CH

cuaderno de	exercise book
ejercicios	[eksersáyz buk]
cuadrado	square [skuer]
cuadro	picture [píksher]
cuál	which [uích]
cualquier,	any, anyone [éni, éniuan]
cualquiera	
cualquier cosa	anything [énithing]
cualquier	any time [eni taym]
momento	
cualquier	anywhere [éniuer]
parte	
cuándo	when [uen]
cuarenta	forty [fórti]
cuarto	quarter [kuórter]
	room [rum]
cuarto de	bathroom [báthrum]
baño	
cuatro	four [for]
cubo para	dustbin [dástbin]
basura	
cubrir	cover [kóver]
cuchara	spoon [spun]

chaleco	vest [vest]
champú	shampoo [shampú]
chaqueta	jacket [djáket]
charco	puddle [padl]
charlar	chat [chat]
cheque	check [chek]
chichón	bump [bamp]
chicle	chewing gum
	[chúing gam]
chimenea	chimney [chímni]
chimpancé	chimpanzee [chimpanzí]
China	China [cháyna]
chino, china	Chinese [chaynís]
chiste	joke [djouk]
chocar	crash [krash]
chocolate	chocolate [chóklet]
choza	hut [jat]
chuleta	chop [chop]

D

dados	dice [days]
danés	Danish [déynish]

dar	give [giv]	desconocido,	stranger [stréyndjer]
dar palmaditas	pat [pat]	desconocida	
		descortés	rude [rud]
de	of [ov]	descubrir	discover [diskóver]
	from [from]	descuidado	careless [kérles]
	for [for]	desde	from [from]
	about [abáut]		since [sins]
de acuerdo	okay [okéy]	desear	wish [uísh]
de memoria	by heart [bay jart]	desear saber	wonder [uónder]
de ninguna manera	not at all [not at ol]	desembar- azarse de	rid of [rid ov]
de repente	suddenly [sádenli]	desempolvar	dust [dast]
de veras	really [ríli]	desierto	desert [dézrt]
debajo de	below [biló]	desinflada	flat [flat]
	under [ánder]	deslizarse	slide [slayd]
débil	weak [uík]	deslizarse, resbalar	slip [slip]
decidir	decide [disáid]		
decir	say [sey]	desmontar	take apart [téik apárt]
decorar	decorate [dékoreyt]	desorden	mess [mes]
dedo del pie	toe [tou]	desordenado	untidy [antáydi]
dedo de la mano	finger [fínger]	despedirse	wave [uéyv]
		despertador	alarm clock [alárm klok]
dejar	leave [liv]	despertar	wake [uéyk]
dejar caer	drop [drop]	despierto	awake [auéyk]
delantero	front [front]	después	after [áfter]
deletrear	spell [spel]		afterwards [áfteruords]
delgado	thin [thin]	desván	loft [loft]
delicioso	delicious [dilíshos]	desvanecer(se)	vanish [vánish]
demonio	devil [dévl]	detener(se)	stop [stap]
dentista, odontólogo	dentist [déntist]	detrás de	behind [bijáynd]
		día	day [dey]
deporte	sport [sport]	Día de Acción de Gracias	Thanksgiving [thanksgíving]
	game [geym]	día de fiesta	holiday [jólidey]
deportista , deportistas (masc.)	sportsman, sportsmen [spórtsman, spórtsmen]	diamante	diamond [dáymond]
		diariamente	daily [déyli]
deportista, deportistas (fem.)	sportswoman, sportswomen [spórtsuoman, spórtsuomen]	dibujar	draw [dro]
		dibujo animado	cartoon [kartún]
depósito	bin [bin]	diccionario	dictionary [díksheneri]
derecho	straight [streyt]	diciembre	December [dicémber]
desafiar	dare [der]	diecinueve	nineteen [nayntín]
desaparecer	disappear [disapír]	dieciocho	eighteen [eytín]
desarrollar	develop [divélop]	dieciseis	sixteen [sikstín]
desayuno	breakfast [brékfast]	diecisiete	seventeen [seventín]
descansar	rest [rest]	diente	tooth, [tuth]
descanso	rest [rest]	dientes	teeth [tith]
	break [breyk]	diez	ten [ten]
		diferente	different [díferent]

difícil	difficult [dífikolt]	dulce	sweet [suít]
	hard [jard]	durante	during [dúring]
Dinamarca	Denmark [dénmark]	durante	for [for]
dinero	money [máni]	duro	hard [jard]
dinosaurio	dinosaur [dáynosor]		
Dios	God [god]	**E**	
dirección	direction [dairékshen]	E.U.A.	U.S.A. [yu es ey]
directamente	straight [streyt]	echar de	miss [mis]
director de	conductor [kondócter]	menos	
orquesta		edad	age [eydj]
disco	record [rékord]	edificio	building [bílding]
discutir	argue [árgiu]	ejemplo	example [ekzámpl]
disfrutar de	enjoy [endjóy]	ejercicio	exercise [eksersáyz]
distancia	distance [dístens]	ejercitarse	exercise [eksersáyz]
distinto	different [díferent]	ejército	army [ármi]
diversión	fun [fan]	él	he [ji]
divertido	funny [fáni]		him [jim]
divertirse	amuse [amiúz]	el, la, lo mejor	best [best]
dividir	divide [diváyd]	los, las	
doblar	bend [bend]	mejores	
(un hierro)		el, la, los, las	the [tha]
doblar	fold [fold]	él mismo	himself [jimsélf]
(un paño)		el nuestro,	ours [áurz]
doblar (una	turn [tern]	la nuestra	
esquina)		el peor,	worst [uérst]
doble	double [dabl]	la peor,	
doce	twelve [tuelv]	los peores,	
doctor	doctor [dákter]	las peores	
dolor de	headache [jédeyk]	el que, la que,	the one [de uán]
cabeza		los que,	
dolor de	toothache [tútheyk]	las que	
muelas		electricidad	electricity [elektrísiti]
domesticado	tame [teym]	electricista	electrician [elektríshen]
domingo	Sunday [sándy]	elefante	elephant [élefant]
donde,	where [uér]	elegir	choose [chuz]
adonde		ella	she [shi]
dónde,	where [uér]	ella misma	herself [jérself]
adónde		ellos, ellas	they [they]
dondequiera	anywhere [éniuer]	ellos mismos,	themselves [themsélvz]
dorado	gold [gold]	ellas mismas	
dormido	asleep [aslíp]	emblema	badge [badj]
dormir	sleep [slip]	emocionante	exciting [eksáyting]
dormitorio	bedroom [bédrum]	empacar	pack [pak]
dos	two [tu]	emparedado	sandwich [sánduich]
dos veces	twice [tuáys]	empatar	draw [dro]
dragón	dragon [drágon]	empezar	begin [bigín]
ducha	shower [sháuer]		start [start]
ducharse	shower [sháuer]	empleo	job [djab]
dudar	doubt [daut]	empujar	push [push]

163

en	by [bay]
	in [in]
	inside [insáyd]
	on [on]
en, con	at [at] con "to be"
en casa	at home [at jom]
en seguida	at once [at uáns]
encender	switch [suich]
encendido	on [on]
encima de	over [óver]
encolar	glue [glu]
encontrar	find [faynd]
	get [get]
encontrar(se)	meet [mit]
encontrarse con	bump [bamp]
enemigo	enemy [énemi]
enero	January [djányueri]
enfermedad	illness [ílnes]
enfermera	nurse [ners]
enfermo	ill [il], sick [sik]
enjugar	dry [dray]
enojado	angry [éyngri]
enojarse	grow angry [gro ángry]
ensalada	salad [sálad]
enseñar	teach [tich]
entero	whole [jol]
enterrar	bury [béri]
entrada	entrance [éntrans]
entrar	enter [énter]
entre	among [amóng]
	between [bituín]
entregar	deliver [delíver]
entrenador	trainer [tréyner]
entrevista	interview [ínterviu]
envase	container [kontéyner]
envase de cartón	carton [kárton]
enviar	send [send]
envolver	wrap [rap]
enyesar	plaster [pláster]
equipo	team [tim]
equipo, cosas	things [things]
erizo	hedgehog [jédjjog]
error	mistake [mistéyk]
escalar	climb [klaym]
escalera	ladder [láder]
	stairs [sterz]

escalera móvil	escalator [éskaleyter]
escapar	escape [eskéyp]
escarabajo	beetle [bitl]
escarpado	steep [stip]
escoba	broom [brum]
escobilla	brush [brash]
escobillar	brush [brash]
escocés	Scottish [skátish]
Escocia	Scotland [skátland]
escoger	choose [chuz]
	pick [pik]
esconder, esconderse	hide [jayd]
escribir	write [ráyt]
escritorio	desk [desk]
escuchar	listen [lísen]
escudilla	bowl [boul]
escuela	school [skul]
ese, esa, aquel, aquella	that [that]
ése, ésa, aquél, aquélla	that [that]
esnórquel	snorkel [snórkel]
esos, esas	those [thóus]
espacio	room [rum]
	space [speys]
espaguetis	spaghetti [spagéti]
espalda	back [bak]
España	Spain [speyn]
español, española	Spanish [spánish]
especie	kind [káynd]
espejo	mirror [mírror]
esperar	wait [uéyt]
	hope [jop]
espeso	thick [thik]
espinaca	spinach [spínech]
esponja	sponge [spondj]
esposa	wife [uáyf]
esposas	wives [uáyvz]
esposo	husband [jásband]
esquí	ski [ski]
esquiar	ski [ski]
esquina	corner [kórner]
esta noche	tonight [tunáyt]
establo	stable [stéybl]
estación	season [sízon]
	station [stéyshon]

estación de bomberos	fire station [fáyr stéyshon]
estacionar	park [park]
estadio	stadium [stéydium]
estanque	pond [pond]
estante	shelf [shelf]
estantes	shelves [shelvz]
estar	be [bi]
estar activo	move about [muv abáut]
estar de acuerdo	agree [agrí]
estatua	statue [stáchu]
este	east [ist]
este, esta	this [this]
éste, ésta	this [this]
estilográfica, pluma fuente	pen [pen]
estímulo	lift [lift]
estirar	stretch [strech]
estornudar	sneeze [sniz]
estos, estas	these [thiz]
estrecho	narrow [nárou]
estrecho, apretado	tight [tayt]
estrella	star [star]
estrellarse	crash [krash]
estrépito	noise [noyz]
estricto	strict [strikt]
estropear	spoil [spoyl]
estudiante	student [stúdent]
estudiar	study [stádi]
estúpido	stupid [stúpid]
etapa, escena	stage [steydj]
Europa	Europe [yúrop]
europeo	European [yuropíen]
evitar	prevent [privént]
exactamente	exactly [ekzáktli]
	just [djast]
	right [rayt]
examen	exam [ekzám]
	quiz [kuíz]
	test [test]
examinar	check [chek]
excelente	excellent [ékselent]
excepto	except [eksépt]
excursión campestre	picnic [píknik]

excusa	excuse [ekskiús]
excusar	excuse [ekskiúz]
explicar	explain [ekspléyn]
explorador	scout [skaut]
extender, untar	spread [spred]
extranjero	foreign [fóren]
extraño	strange [streyndj]

F

fábrica	factory [fáktori]
fachada	front [front]
fácil	easy [ízi]
falda	skirt [skert]
familia	family [fámili]
famoso	famous [féymes]
fantasma	ghost [góust]
farmacéutico	pharmacist [fármacist]
farmacia	pharmacy [fármasi]
favorito	favorite [féyvorit]
febrero	February [fébrueri]
fecha	date [deyt]
feliz	happy [jápi]
feo, fea	ugly [ágli]
feroz	fierce [firs]
ferrocarril	railway [réyluey]
fiebre	fever [fíver]
fiesta	party [párti]
fijar	fix [fiks]
	pin [pin]
fila	row [rou]
fin	end [end]
fin de semana	weekend [uíkend]
finalmente	at last [at last]
fingir	pretend [priténd]
flauta	flute [flut]
flauta dulce	recorder [rikórder]
flecha	arrow [árou]
flor	flower [fláuer]
florero	vase [veys]
flotar	float [flout]
foca	seal [siel]
fondo	bottom [bátom]
forma	shape [sheyp]
foto	photograph [fótograf]
fracasar	fail [feyl]
frambuesa	raspberry [rázberi]
francés	French [french]
Francia	France [frans]

frasco	jar [djar]	ganso, gansos	goose, geese [gus, gis]
frase, oración	sentence [séntens]	garaje	garage [garádj]
frecuente-mente	often [ófen]	garganta	throat [thróut]
		gastar	spend [spend]
fregadero	sink [sink]	gatear	creep [krip]
freír	fry [fray]	gatito	kitten [kíten]
frente	forehead [fórjed]	gato	cat [kat]
fresa	strawberry [stróberi]	gaveta	drawer [dróer]
fresco	cool [kul]	gaviota	seagull [sígal]
	fresh [fresh]	gemelos	twins [tuinz]
frío	cold [kould]	generalmente	usually [yúshuyeli]
frotar	rub [rab]	género, material	material [matírial]
fruta	fruit [frut]		
fuego	fire [fayr]	generoso	generous [djéneros]
fuego de campamento	campfire [kámpfayer]	gigante	giant [djáynt]
		girar	turn [tern]
fuegos artificiales	fireworks [fáyruerks]	girasol	sunflower [sanflauer]
		gis, crayón	crayon [kreyón]
fuente	fountain [fáunten]	globo de aire caliente	hot-air balloon [jat-ér balún]
fuera	away [auéy]		
	out [aut]	gol	goal [gol]
	outside [autsáyd]	golpe	knock [nak]
fuerte (fortaleza)	strong [strong]	golpear	hit [jit]
			knock [nak]
fuerte (sonido)	loud [laud]	goma (caucho)	rubber [ráber]
fumar	smoke [smouk]	goma de pegar, cola	glue [glu]
fundir	melt [melt]		
furgoneta	van [van]	gordo	fat [fat]
furioso	cross [kros]	gorila	gorilla [goríla]
fútbol	football [fútbol]	gorro	cap [kap]
futuro	future [fiúcher]	gota	drop [drop]
		gracias	thank you [thenk yu]
G			thanks [thánks]
gafas de sol	sunglasses [sánglasez]	Gran Bretaña	Great Britain [greyt bríten]
Gales	Wales [uéylz]	gran	great [greyt]
galés, galesa	Welsh [uélsh]	grande	big [big]
galleta	biscuit [bísket]		large [lardj]
	cookie [kúki]	granero	barn [barn]
gallina	chicken [chíken]	granja	farm [farm]
	hen [jen]	granjero	farmer [fármer]
gallo	cock [kok]	gratuito	free [fri]
ganador, ganadora	winner [uíner]	Grecia	Greece [gris]
ganar (competencia, premio)	win [uín]	griego, griega	Greek [grik]
		grifo	tap [tap]
		gripe	flu [flu]
ganar, obtener (dinero)	earn [ern]	gris	grey [grey]
		gritar	cry [kray]
			shout [shaut]

166

grúa	crane [kreyn]	heno	hay [jey]
gruñir	growl [graul]	hermana	sister [síster]
grupo	group [grup]	hermano	brother [bráther]
guante	glove [glov]	hermoso	beautiful [biútiful]
guarda del parque zoológico	zookeeper [zúkiper]	herramienta	tool [tul]
		hervir	boil [boyl]
		hielo	ice [ays]
guardar	keep [kip]	hierba	grass [gras]
guardar, proteger	guard [gard]	hija	daughter [dóter]
		hijo	son [san]
guardarropa	wardrobe [uórdrob]	hipopótamo	hippo, hippopotamus [jípo, jipopátames]
guiar	guide [gayd]	hockey	hockey [jóki]
guisante	pea [pi]	hogar	home [jom]
guitarra	guitar [gitár]	hogar (chimenea)	fireplace [fáyrpleys]
gusano	worm [uérm]	hoja	leaf [lif]
gustar	like [layk]	hoja de papel	sheet [shet]
	love [lov]	hojas	leaves [livz]
		hola	hello [jeló]
H		holandés	Dutch [dach]
haber	have [jav]	hombre	man [man]
habichuela	bean [bin]	hombre de nieve, hombres de nieve	snowman, snowmen [snóuman, snóumen]
hablar	speak [spîk]		
	talk [tok]		
hace	ago [agó]		
hacer	do [du]	hombres	men [men]
	make [meyk]	hombro	shoulder [shólder]
hacer daño	harm [jarm]	hondo	deep [dip]
hacer volar	fly [flay]	honesto	honest [ánest]
hacerse	get [get]	hora	hour [aur]
hacia	to [tu]	hormiga	ant [ant]
	toward [tuárd]	horrible	awful [óful]
hacia abajo	downstairs [daunstérz]		horrible [jóribl]
hacia arriba	upstairs [apstérz]	hospital	hospital [jáspitl]
hacia atrás	backwards [bákuerds]	hotel	hotel [jótel]
hada	fairy [féri]	hoy	today [tudéy]
halcón	hawk [jok]	hoyo, agujero	hole [jol]
hambriento	hungry [jángri]	hueso	bone [boun]
hamburguesa	hamburger [jámberger]	huevo	egg [eg]
		humo	smoke [smouk]
hámster	hamster [jámster]		
harina	flour [flaur]	**I**	
hasta	even [íven]		
	to [tu]	idea	idea [aydía]
hasta ahora	so far [so far]	idioma	language [lánguedj]
hasta que	until [antíl]	iglesia	church [cherch]
hechicero	wizard [uízerd]	igual	equal [íkual]
helado	ice cream [ays krim]	iluminar, encender	light [láit]
helicóptero	helicopter [jélikapter]		
hembra	female [fiméyl]		

167

imaginación	imagination [imadjinéishen]
imaginar(se)	imagine [imádjin]
impermeable	raincoat [réynkout]
importante	important [impórtant]
imposible	impossible [impásibl]
incendiar	burn [bern]
inclinar(se) sobre algo	lean [lin]
incluyendo	including [inklúding]
incorrecto	wrong [rong]
India	India [índia]
indio, india (de India)	Indian [índien]
indio, india (de E.U.A.)	Native American [néytiv amérikan]
ingenioso	clever [kléver]
Inglaterra	England [íngland]
inglés inglesa	English [ínglish]
inodoro	toilet [tóylet]
inoxidable	stainless [stéynles]
insecto	insect [ínsekt]
insistentemente	hard [jard]
instructor	coach [kouch]
instrumento	instrument [ínstrument]
interesante	interesting [ínteresting]
interior	inside [insáyd]
interviú	interview [ínterviu]
inundación	flood [flad]
inundar	flood [flad]
invierno	winter [uínter]
invitado	guest [gest]
invitar	ask [ask] invite [inváit]
ir	go [go]
ir en bicicleta	cycle [saycl]
ir en (vehículo)	ride [rayd]
ir por	fetch [fech]
Irlanda	Ireland [áyrlend]
irlandés, irlandesa	Irish [áyresh]
irse	leave [liv]
isla	island [áyland]
Italia	Italy [ítali]
italiano, italiana	Italian [itályan]

J

jabón	soap [soup]
jactarse	boast [bóust]
jalar, tirar	pull [pul]
jalea, gelatina	jelly [djéli]
jamón	ham [jam]
Japón	Japan [djapán]
japonés, japonesa	Japanese [djapanís]
jardín	garden [gárden]
jardín de infancia	nursery school [nérseri skul]
jardinero, jardinera	gardener [gárdener]
jarro	jug [djag] mug [mag]
jaula	cage [keydj]
jirafa	giraffe [djeráf]
joven	young [yáng]
joya	jewel [djúel]
joyas	jewelry [djúelri]
juego	game [geym]
juego a la pata coja	hopscotch [jápskach]
juego del escondite	hide-and-seek [jayd-and-sík]
jueves	Thursday [thérsdy]
jugador, jugadora	player [pléyer]
jugar	play [pléy]
jugo	juice [djus]
jugo de naranja	orange juice [órendj djus]
juguete	toy [toy]
julio	July [djuláy]
jungla	jungle [djángl]
junio	June [djun]
junto a	beside [bisáyd]
juntos	together [tugéther]
justo	fair [féar] just [djast] right [ráit]

K

keroseno	kerosene [kérosen]

L

la (pronombre) her [jer]
labio lip [lip]
lado side [sayd]
ladrar bark [bark]
ladrillo brick [brik]
ladrón burglar [bérgler]
ladrón, thief, thieves
  ladrones [thif, thivs]
lago lake [leyk]
lágrima tear [tíar]
lamentar regret [rigrét]
lámpara lamp [lamp]
lana wool [uól]
lápiz pencil [pénsl]
largo long [long]
lástima pity [píti]
lastimarse hurt [jert]
lata, tarro can, [kan]
            tin [tin]
lavabo, washstand [uáshstand]
  lavamanos
lavado washing [uáshing]
lavadora washing machine
            [uáshing mashín]
lavar wash [uásh]
lazo bow [bou]
le her, him [jer, jim]
  (pronombre)
lección lesson [léson]
leche milk [milk]
lechuga lettuce [létas]
lechuza owl [ául]
leer read [rid]
legumbre vegetable [védjtebl]
lejos far [far]
lengua tongue [tong]
lento slow [slou]
león lion [láyen]
leopardo cheetah [chíta]
  cazador
letra letter [léter]
levantar lift [lift]
levantarse rise [rayz]
           stand [stand]
libra pound [paund]
libre free [fri]
libro book [buk]

libro de picture book
  imágenes [píksher buk]
libro de texto textbook [tékstbok]
limón lemon [lémon]
limonada lemonade [lemonéyd]
limosnero beggar [béger]
limpiar clean [klin]
           wipe [uáyp]
limpio clean [klin]
línea line [layn]
linterna torch [torch] (Inglaterra)
líquido liquid [líkuid]
liso smooth [smuth]
lista list [list]
listo ready [rédi]
lo (pronombre) him [jim]
           it [it]
lo mejor best [best]
lo siento mucho sorry [sári]
lobo, lobos wolf, wolves
           [uólf, uólfs]
loco mad [mad]
locomotora engine [éndjin]
loro, budgerigar, budgie
  papagayo [bádjrigar, bádji]
           (Inglaterra)
luchar fight [fayt]
lugar place [pleys]
lugar favorito playground
           [pléygraund]
lumbre fire [fayr]
luna moon [mun]
lunes Monday [mándi]
Luxemburgo Luxembourg
           [lúksemberg]
luz light [láit]
luz solar sunshine [sánshayn]

LL

llama flame [fleym]
llamar call [kol]
llamar por ring [ring]
  teléfono
llamarse call [kol]
llano flat [flat]
llave key [ki]
llegar arrive [aráyv]
           get [get]
           reach [rich]

llenar	fill [fil]	máquina de afeitar	shaver [shéyver]
lleno	full [ful]		
llevar	carry [kéri]	máquina de escribir	typewriter [táipraiter]
llevar puesto	wear [uér]		
llevar, conducir	lead [lid]	mar	sea [si]
		marcharse	leave [liv]
llorar	cry [kray]	margarita	daisy [déyzi]
llover	rain [reyn]	marinero	sailor [séyler]
lluvia	rain [reyn]	mariposa	butterfly [báterflay]
		mariquita	ladybug [léidybag]
M		marrón	brown [braun]
		martes	Tuesday [túzdey]
macho, masculino	male [meyl]	martillo	hammer [jámer]
		marzo	March [march]
madera	wood [uód]	más	more [mor]
madre	mother [móther]		most [moust]
madriguera	den [den]		extra [ékstra]
maduro	ripe [rayp]	más bien	rather [ráther]
maestro, maestra	teacher [tícher]	más lejos	further [férther]
		máscara	mask [mask]
mala hierba	weed [uíd]	masticar	chew [chu]
malcriar	spoil [spoyl]	matemática	math [math]
maleta	suitcase [sútkeys]	mayo	May [mey]
maletín	satchel [sáchel]	mayor parte de	most [moust]
malgastar	waste [uéyst]		
malo	bad [bad]	me (pronombre)	me [mi]
mamá, mami	mom, mommy [mam, mámi]	mecedora	rocking chair [ráking cher]
mañana (día siguiente)	tomorrow [tumórrou]	medianoche	midnight [mídnayt]
		medicamento	medicine [médisin]
mañana (A.M.)	morning [mórning]	medio	middle [midl]
		medio, media	half, halves [jaf, jafs]
mancha	stain [steyn]	mediodía	midday [míddey]
manchar	stain [steyn]	mejilla	cheek [chik]
manecilla	hand [jand]	mejor	better [béter]
manejar, conducir	drive [drayv]	melocotón	peach [pich]
		melodía	tune [tun]
manga	sleeve [sliv]	melón	melon [mélon]
mango	handle [jándl]	menos	less [les]
mano	hand [jand]		to [tu]
manojo	bunch [banch]	mensaje	message [mésedj]
manta	blanket [blánket]	menta	peppermint [péperment]
mantener	keep [kip]	mentir	lie [lay]
mantequilla	butter [báter]	mentón	chin [chin]
manzana (fruta)	apple [apl]	mercado	market [márket]
		mermelada	jam [djam]
manzana (de edificios)	block [blok]		marmalade [mármeleyd]
mapa	map [map]	mes	month [manth]
máquina	machine [mashín]		

mesa	table [téybl]	muchacha	girl [gerl]
meta	finish [fínish]	muchas	thank you very much
metal	metal [metl]	gracias	[thank yu véry mach]
meter	put [put]	muchedumbre	crowd [kraud]
metro	underground	mucho, mucha,	lot [lat]
	[ándergraund]	muchos,	much [mach]
	(Inglaterra)	muchas	
mezclar	mix [miks]	mucho más	far [far]
mi	me, my [mi, may]	muchos,	many [méni]
(pronombre)		muchas	
micrófono	microphone [máykrofon]	mudar	change [cheyndj]
miel	honey [jáni]	(de ropa)	
mientras	as [az]	muebles	furniture [férnecher]
	while [uáyl]	muerto	dead [ded]
miércoles	Wednesday [uénzdey]	mujer,	woman, women
mil	thousand [tháuzend]	mujeres	[uóman, uómen]
minúsculo	tiny [táyni]	multa	ticket [tíket]
minuto	minute [mínet]	mundo	world [uérld]
mío, mía,	mine [mayn]	muñeca	wrist [rist]
míos, mías		(anatomía)	
mirar	look [luk]	muñeca	doll [dal]
	watch [uách]	(juguete)	
mismo, misma,	same [seym]	murciélago	bat [bat]
mismos,		muro	wall [uól]
mismas		museo	museum [miuzíum]
mitad	half [jaf]	música	music [miúzik]
	middle [midl]	muy	quite [kuáyt]
mitades	halves [jafs]		very [véri]
moda	fashion [fáshen]	muy,	too [tu]
mojado	wet [uét]	demasiado	
molestar	disturb [distérb]		
molesto	upset [apset]	**N**	
momento	moment [móument]	nacer	born [born]
moneda	coin [koin]	nada	nothing [nóthing]
mono	monkey [mánki]	nadar	swim [suim]
monopatín	skateboard [skéytbord]	nadie	nobody [nóbadi]
monstruo	monster [mánster]	nadie,	none [non]
montaña	mountain [máunten]	ninguno, nada	
montón	heap [jip]	naranja	orange [órendj]
	pile [páyl]	narciso	daffodil [dáfodil]
montura	saddle [sadl]	nariz	nose [nouz]
morder	bite [bait]	naturaleza	nature [néycher]
morir	die [day]	nave espacial	spaceship [spéysship]
mostrar	show [shou]	navegar	sail [seyl]
motocicleta	motorbike [mótorbayk]	Navidad	Christmas [krísmas]
motoniveladora	bulldozer [buldóuzer]	necesario	necessary [néseseri]
motor	engine [éndjin]	necesitar,	need [nid]
mover(se)	move [muv]	faltar	
movimiento	movement [múvment]	negarse	refuse [rifiúz]

171

negro	black [blak]	número de teléfono	phone number [fóun námber]
ni...ni	not...or [not...or]	nunca	never [névr]
nido	nest [nest]		
niebla	fog [fog]		
nieta	granddaughter [grandóter]	**O**	
nieto	grandson [grándson]	o	or [or]
nieto, nietos	grandchild, grandchildren [grándchayld, grandchildren]	obra teatral	play [pléy]
		observar, notar	notice [nótis]
		océano	ocean [óushen]
nieve	snow [snóu]	ochenta	eighty [éyti]
ninguna parte	nowhere [nóuer]	ocho	eight [eit]
niño	boy [boi]	octubre	October [október]
niño, niños	child, children [chayld, children]	ocupado	busy [bízi]
		ocurrencia	idea [aydía]
no	no [no]	odiar	hate [jeyt]
	don't [dount]	oeste	west [uést]
	not [nat] + verbo	oficina	office [ófis]
noche	night [nayt]	oficina de correos	post office [póust ófis]
nombre	name [neym]		
norte	north [north]	oficio	job [djab]
Noruega	Norway [nóruey]	oír	hear [jiyr]
noruego, noruega	Norwegian [noruídjen]	ojo	eye [ay]
		ola	wave [uéyv]
nos	ourselves [aursélvz]	oler	smell [smel]
nosotros	we [uí]	olla	pot [pat]
nosotros mismos	ourselves [aursélvz]		cooker [kúker]
		olvidar	forget [forgét]
nota (calificación)	mark [mark]	omitir	skip [skip]
		once	eleven [iléven]
nota (musical)	note [nout]	oportunidad	chance [chans]
nota (apunte)	note [nout]	oración	prayer [préar]
noticias	news [nuz]	ordenado	tidy [táydi]
noventa	ninety [náynti]	ordenar	order [órder]
novia	bride [brayd]	oreja	ear [ir]
	girlfriend [gérlfrend]	orgulloso, orgullosa	proud [praud]
noviembre	November [novémber]	orilla	bank [bank]
novio	bridegroom [bráydgrum]	orilla, borde, filo	edge [edj]
novio, amigo	boyfriend [boifrend]		
nube	cloud [klaud]	oro	gold [gold]
nublado	cloudy [kláudi]	orquesta	orchestra [órkestra]
nudo	knot [nat]	oruga	caterpillar [káterpiler]
nuestro	our [aur]	oscuridad	darkness [dárknes]
nueve	nine [nayn]	oscuro	dark [dark]
nuevo, nuevas	new [nu]	oso	bear [béar]
nuez	nut [nat]	oso de juguete	teddy bear [tédi ber]
	walnut [uálnat]	otoño	autumn [ótom]
número	number [námber]	otra vez	again [agén]

otro, otra, otros, otras	another [anáther] other [óther]
oval	oval [óval]
oveja, ovejas	sheep, sheep [ship]
oyentes	audience [ódiens]

P

paciente	patient [péyshent]
padre	father [fáther]
padres	parents [pérents]
pagar	pay [pey]
página	page [péidj]
pago	payment [péyment]
país	country [kántri]
Países Bajos (Holanda)	Netherlands [nétherlends]
paja	straw [stro]
pájaro	bird [berd]
pajita	straw [stro]
pala	spade [speyd]
palacio	palace [pálas]
palangana	basin [béysen]
pálido	pale [peyl] light [láit]
palo	stick [stik]
palo de hockey	hockey stick [jóki stik]
paloma	pigeon [pídjen]
pan	bread [bred]
pan, panes	loaf, loaves [louf, louvs]
panadería	baker's [béykers]
panadero, panadera	baker [béyker]
panda	panda [panda]
panecillo	roll [rol]
paño	cloth [kloth]
pantalón de baño	swimming trunks [suíming tranks]
pantalones	trousers [tráuzerz]
pantalones de dril, vaqueros	jeans [djins]
pañuelo	hanky [jénki]
papa, papas	potato, potatoes [potéyto, potéytos]
papagayo	parrot [párot]
papas fritas	chips [chips] (Inglaterra) French fries [french frays] (E.U.A.)

papel	paper [péypr]
papel (teatral)	part [part]
papi, papá	dad, daddy [dad, dádi]
paquete	packet [páket]
paquete (postal)	parcel [parsl]
par	pair [per]
para	by [bay] for [for]
para qué	what for [uát for]
paraguas	umbrella [ambréla]
parar, levantar	stand [stand]
parar(se)	stop [stap]
parche medicinal	plaster [pláster]
parecer	appear [apír] seem [sim]
pared	wall [uól]
pariente	relative [rélativ]
parque	park [park]
parque de estaciona- miento	car park [kar park]
parque zoológico	zoo [zu]
parte	part [part]
participar	join [djoyn] take part [teyk part]
partido, juego	match [mach]
pasa	raisin [réyzin]
pasajero, pasajera	passenger [pásendjer]
pasaporte	passport [pásport]
pasar	pass [pas]
pasar, suceder	happen [jápen]
pasar tiempo	spend time [spend táym]
pasar el rato	hang out [jang áut]
Pascua de Resurrección	Easter [íster]
pasear	walk [uók]
paseo (en vehículo)	drive [drayv]
paso	step [step]
paso a nivel	level crossing [lével krósing]
paso de cebra	zebra crossing [zíbra krósing]

paso para peatones	pedestrian crossing [pedéstrien krósing]	pendiente (joya)	earring [íring]
pasta dentífrica	toothpaste [túthpeyst]	pensar	think [think]
		peor	worse [uérs]
pastor	shepherd [shéperd]	pepino	cucumber [kiukámber]
pata	paw [po]	pequeño	small [smal]
patear	kick [kik]	pera	pear [per]
patín	skate [skeyt]	perder	lose [luz]
patín de ruedas	roller skate [róler skeyt]		miss [mis]
		perdón	pardon [párdon]
patinar	skate [skeyt]		sorry [sári]
patinar sobre ruedas	roller skate [róler skeyt]	perdonar	forgive [forgív]
		perezoso	lazy [léyzi]
patinete	scooter [skúter]	periódico	newspaper [núzpeyper]
patio de recreo	playground [pléygraund]		paper [péypr]
		permitir	allow [aláu]
patito	duckling [dáklin]	pero	but [bat]
pato	duck [dak]	perrera	kennel [kénel]
patrón	boss [bos]	perrito	puppy [pápi]
pavimento	pavement [péyvment]	perro	dog [dog]
pavo	turkey [térki]	perro caliente	hot dog [jat dog]
payaso	clown [klaun]	perseguir	chase [cheys]
peatón, peatona	pedestrian [pedéstrien]	persona	person [pérsen]
		personas, gente	people [pipl]
pecho	chest [chest]		
pedazo	piece [pis]	pertenecer a	belong to [bilóng tu]
pedir	ask [ask]	pesado	heavy [jévi]
pedir limosna	beg [beg]	pesar	weigh [uéy]
pedir (ordenar)	order [órder]	pesca	fishing [fishing]
		pestaña	eyelash [áylash]
pegajoso	sticky [stíki]	pez o peces de colores	goldfish, goldfish [góldfish]
pegar, golpear	hit [jit]		
		pez, peces	fish, fish [fish]
pegar, poner, meter	stick [stik]	piano	piano [piáno]
		picar, escocer	sting [sting]
peinar	comb [komb]	pico	beak [bik]
peine	comb [komb]	pie, pies	foot, feet [fut, fit]
pelar	peel [píyl]	piedra	rock [rak]
peldaño	step [step]		stone [stóun]
pelear	fight [fayt]		
película	film [film]	piel (animal)	fur [fer]
peligro	danger [déyndjer]	piel (humana)	skin [skin]
peligroso	dangerous [déyndjeros]	pierna	leg [leg]
pelo	hair [jer]	pies	feet [fit]
pelota	ball [bol]	pijama	pyjamas, pajamas [paydjamas, padjamas]
peluquero, peluquera	hairdresser [jérdreser]		
		pila	battery [báteri]
pena, desgracia	trouble [trabl]	piloto	pilot [páylot]
		pimienta	pepper [péper]
		pimiento	pepper [péper]

pingüino	penguin [pénguin]	pollito	chick [chik]
pintar	paint [peynt]	pollo	chicken [chíken]
pintor	painter [péynter]	polvo	dust [dast]
pintura	paint [peynt]		powder [páuder]
pintura (cuadro)	painting [péynting]	poner	lay [ley] put [put]
pinza (de ropa)	peg [peg]	poquito	set [set] bit [bit]
pipa	pipe [páyp]	por	along [alóng]
pirámide	pyramid [píremed]		for [for]
pirata	pirate [páyret]		by [bay]
pirulí	lollipop [lálipap]		through [thru]
piscina	swimming pool [suíming pul]	por favor por lo tanto	please [pliz] so [so]
piso	floor [flor]	por mucho	however [jauéver]
pista	lane [leyn]	que	
pistola, revólver	gun [gan]	por qué por todas	why [uáy] everywhere [évriuer]
pizarra	blackboard [blákbord]	partes	
pizza	pizza [pítza]	porque	because [bikóz]
plancha	iron [ayrn]	Portugal	Portugal [pórchugal]
planchar	iron [ayrn]	portugués,	Portuguese [pórchugiz]
planear	plan [plan]	portuguesa	
planta	plant [plant]	poseer	have [jav]
plantar	plant [plant]		own [oun]
plástico	plastic [plástik]	posible	possible [pásebl]
plata	silver [sílver]	poste, estaca	post [poust]
plátano	banana [banána]	poster, cartel	poster [póuster]
platillo	saucer [sóser]	potro	foal [fol]
plato	dish [dish]	practicar	practice [práktes]
	plate [pleyt]	precio	price [prays]
playa	beach [bich]	preferir	prefer [prifér]
plaza	square [skuér]	pregunta	question [kuéschen]
plegar	fold [fold]	preguntar	ask [ask]
pleito	suit [sut]	preguntarse	wonder [uónder]
pluma	feather [féther]	premio	prize [prayz]
pobre	poor [pur]	premio,	reward [riuórd]
poco, pequeño	little [lítl]	recompensa preocupado	upset [apset]
pocos	few [fiú]	preocuparse	worry [uéri]
poder	can [kan]		care [ker]
	may [mey]	preparar	prepare [pripér]
poder comprar	afford [afórd]	presente	do [du] present [prézent]
poema	poem [póem]	presidente	president
policía (persona)	police officer [polís óficer]	prestar	[prézident] lend [lend]
policía (en general)	police [polís]	primavera primer puesto	spring [spring] top [top]

primero, primera, primeros, primeras	first [ferst]	quedar	leave [liv]
		quedarse	stay [stey]
		quedarse con	keep [kip]
		quejarse	complain [kompléyn]
primo, prima	cousin [kázen]	quemar	burn [bern]
príncipe, princesa	prince, princess [prins, prínses]	querer	want [uánt]
		querer, apreciar	cherish [chérish]
principio	beginning [bigíning]		
prisa	hurry [járri]	querido	darling [dárling]
privado	private [práyvat]		dear [díar]
probar (sabor)	taste [teyst]	queso	cheese [chiz]
		quien	who [ju]
probar (experimentar)	test [test]	químico	chemical [kémical]
		quince	fifteen [fiftín]
probar (tratar)	try [tray]	**R**	
producto químico	chemical [kémical]	radio	radio [réydio]
		raíz	root [rut]
programa	program [prógram]	rama	branch [branch]
prohibir	forbid [forbíd]	rana	frog [frog]
prometer	promise [prómis]	rápido	fast [fast]
pronto	soon [sun]		quick [kuík]
propio	own [oun]	raqueta	racket [ráket]
propósito	purpose [pérpos]	raramente	rarely [rérli]
proteger	protect [protékt]	rascacielos	skyscraper [skáyskreyper]
próximo, próxima, próximos, próximas	next [nekst]	rasgar	tear [tir]
		rata	rat [rat]
		ratón, ratones	mouse, mice [máus, máis]
pueblo	town [taun]	raya	stripe [strayp]
puente	bridge [bridj]	rebaño	flock [flak]
puerta	door [dor]	rebotar	bounce [bauns]
puerto	harbor [járber]	recibir	get [get]
puesto	stall [stol]		receive [risív]
pulgar	thumb [tham]	recoger	collect [kolékt]
pulir	polish [pólish]		pick [pik]
pupitre	desk [desk]	recordar	remember [rimémber]
púrpura	purple [pérpl]	recordar algo a	remind [rimáynd]
puzzle	jigsaw [djígso]		
Q		rectángulo	rectangle [rektángl]
		red	net [net]
que	than, that [than, that]	redondo	round [ráund]
qué	what [uát]	refrigerador	fridge [fridg]
que, el que, quien	who [ju]	regadera	watering can [vátering kan]
que, lo que, lo cual, el cual	which [uích]	regalar	give [giv]
		regalo	present [prézent]
¿qué?, ¿cuál?	which [uích]	regañar	scold [skold]
		regar	water [uáter]

176

regazo	lap [lap]	roncar	snore [snor]
regla (ley)	rule [rul]	ropa	clothes [klouz]
regla	ruler [rúler]	rosa	rose [rouz]
(instrumento)		rosado	pink [pink]
regresar	come back [kam bak]	rosetas	popcorn [pápkorn]
	return [ritérn]	roto	broken [bróken]
reina	queen [kuin]	rotulador	marker [márker]
reír	laugh [laf]	rubio	fair [féar]
relámpago	lightning [láytning]	rueda	wheel [uíl]
religión	religion [rilídjen]	rugby	rugby [rágbi]
reloj	clock [klak]	ruido	noise [noyz]
	watch [uách]	ruidoso	noisy [nóyzi]
remar	row [rou]	Rusia	Russia [rásha]
remo	paddle [padl]	ruso, rusa	Russian [ráshan]
reparar	repair [ripér]		
repartir	divide [diváyd]	**S**	
repetir	repeat [ripít]		
reportero,	reporter [ripórter]	sábado	Saturday [sáterdey]
reportera		sábana	sheet [shet]
reposo	rest [rest]	saber	know [nou]
reproducir	copy [kópi]	sabor	flavor [fléiver]
resbaladero	slide [slayd]	saborear	taste [teyst]
resfriado	cold [kould]	sacar	take [teyk]
residir	live [liv]	saciado	full [ful]
respirar	breathe [brith]	saco	bag [bag]
responder	answer [ánser]	saco de dormir	sleeping bag [slíping bag]
	reply [ripláy]	sacudir	shake [sheyk]
respuesta	answer [ánser]	sal	salt [solt]
restaurante	restaurant [réstorant]	sala	living room [líving rum]
restaurante de	self-service restaurant	salchicha	sausage [sósedj]
autoservicio	[self-sérvis réstorant]	salida	exit [éksit]
resultado	result [rizólt]	salpicar	splash [splash]
reventar	burst [berst]	salsa	gravy [gréyvi]
reverso	back [bak]		sauce [sos]
revista	magazine [mágazin]	salsa de	ketchup [kétchap]
revolver	stir [ster]	tomates	
rey	king [king]	saltamontes	grasshopper
rico	rich [rich]		[grasjóper]
rimar	rhyme [ráym]	saltar	jump [djámp]
rinoceronte	rhinoceros [raynáseros]	salto mortal	somersault [sámersolt]
río	river [ríver]	salvaje	wild [uáyld]
risita	giggle [gígl]	salvar	rescue [réskiu]
rizado	curly [kérli]		save [séyv]
robar	rob [rab]	sandalia	sandal [sándal]
	steal [stil]	sangrar	bleed [blid]
rodar	roll [rol]	sangre	blood [blod]
rodilla	knee [ni]	sano	healthy [jélthi]
rojo	red [red]	se	herself, himself
romper	break [breyk]		[jérself, jimsélf]
		secar	dry [dray]

177

seco	dry [dray]	sin	without [uitháut]
secreto	secret [síkret]	sobrante	over [óver]
sediento	thirsty [thérsti]	sobre (arriba)	above [abóv]
segadora	lawnmower [lónmouer]	sobre	envelope [énvelop]
seguir	follow [fálou]	(para carta)	
segundo	second [sékond]	sobre (encima)	on [on]
seguro	certain [sérten]	sobrina	niece [nis]
	safe [seyf]	sobrino	nephew [néfiu]
	sure [shur]	socio, socia	partner [pártner]
seis	six [siks]	sofá	sofa [sófa]
sello	stamp [stamp]	sol	sun [san]
semáforo	traffic light [tráfik layt]	solamente	only [ónli]
semana	week [uík]	soldado	soldier [sóldjer]
semilla	seed [sid]	soleado	sunny [sáni]
señal	sign [sayn]	solitario, solo	lonely [lónli]
señalar	point [poynt]	solo	alone [alóun]
sencillo	simple [simpl]	sólo	just [djast]
senda	path [path]		only [ónli]
señor	Mr. [míster]	sombra	shade [sheyd]
	sir [ser]		shadow [shádo]
señora	Mrs. [mísez]	sombrero	hat [jat]
señora, dama	lady [léydi]	sonar	ring [ring]
señorita	Miss [mis]	soñar	dream [drim]
sentar	sit [sit]	sonreir	smile [smayl]
sentarse	sit [sit]	sonrisa	smile [smayl]
sentir	feel [fil]	sopa	soup [sup]
septiembre	September [septémber]	soplar	blow [blou]
sepultar	bury [béri]	sordo	deaf [def]
serio, seria	serious [sírios]	sorpresa	surprise [sarpráyz]
serrar	saw [so]	sótano	cellar [séler]
servir	serve [serv]	su, sus	her, his, its, their, your
sesenta	sixty [síksti]	(adjetivo	[jer, jiz, itz, théar, yóar]
seta, hongo	mushroom [máshrum]	posesivo)	
setenta	seventy [séventi]	suave	soft [soft]
seto	hedge [jedj]	suave, tierno	gentle [djéntl]
si	if [if]	subterráneo	underground
sí	yes [yes]		[ándergraund]
siempre	always [ólweyz]	sucio	dirty [dérti]
sierra	saw [so]	Suecia	Sweden [suíden]
siete	seven [séven]	sueco, sueca	Swedish [suídish]
siglo	century [séntchuri]	suelo	floor [flor]
significar	mean [min]	suelto	loose [lus]
silbar	whistle [uísel]	sueño	dream [drim]
silencio	silence [sáylens]	suerte	luck [lak]
silla	chair [cher]	suéter	jumper [djámper]
sillón	armchair [ármcher]	suficiente	enough [ináf]
similar,	similar [símilar]	Suiza	Switzerland [suítzerland]
parecido		suizo, suiza	Swiss [suís]
sin embargo	however [jauéver]	sujetar	hold [jold]

superior, fantástico	super [súper]
superior, más alto, máximo	top [top]
supermercado	supermarket [súpermarket]
suponer	suppose [sapóz]
sur	south [sauth]
susurrar	whisper [uísper]
(el) suyo, (la) suya, (los) suyos, (las) suyas	his [jiz] hers [jerz]

T

taberna	bar [bar]
	pub [pab]
tacón	heel [jil]
tajada	slice [slays]
tal vez	maybe [méybi]
	perhaps [perjáps]
taller	garage [garádj]
tallo	stalk [stok]
talón	heel [jil]
tamaño	size [sayz]
también	also [ólso]
	as well [as uél]
	so [so]
	too [tu]
tambor	drum [drám]
tan	so [so]
tan sólo	just [djast]
tan...como	as...as [as...as]
tapa	lid [lid]
	top [top]
tarde (P.M.)	afternoon [afternún]
tarde (anochecer)	evening [ívning]
tarde (atrasado)	late [leyt]
tarea, deberes	homework [jómuerk]
tarjeta	card [kard]
tarjeta postal	postcard [póustkard]
taxi	taxi [táksi]
taza	cup [kap]
té	tea [ti]
teatro	theater [thíeter]
tebeo	comic book [kámik buk]

techo	roof [ruf]
tejer	knit [nit]
telefonear	phone [fóun]
teléfono	phone [fóun]
	telephone [télefon]
televisión	television [télevishon]
	TV [tiví]
temperatura	temperature [témprechur]
tempestad	storm [storm]
temprano	early [érli]
tenedor	fork [fork]
tener	have [jav]
tener miedo	be afraid [bi afréyd]
tener que	must [mast]
tenis	tennis [ténis]
tenue	faint [feynt]
tercero	third [therd]
terminado	over [óver]
terminar	end [end]
	finish [fínish]
	stop [stap]
termómetro	thermometer [thermámeter]
ternero	calf [kaf]
terneros	calves [kafs]
terraza	terrace [téres]
tesoro	treasure [trésher]
tetera	kettle [ketl]
tía	aunt [ant]
tiburón	shark [shark]
tiempo	time [taym]
	weather [uéther]
tienda, negocio	shop [shop]
tienda de campaña	tent [tent]
tierra	earth [erth]
	ground [gráund]
	soil [soyl]
tierra, suelo	land [land]
tigre	tiger [táyger]
tijeras	scissors [sízers]
timbre	bell [bel]
tinta	ink [ink]
tío	uncle [ankl]
tiovivo	roundabout [raundabáut]
tipo	sort [sort]
tirador	handle [jándl]
tirar, arrojar	throw [throu]
tiza	chalk [chok]

179

toalla	towel [tául]	travieso	naughty [nóti]
tobillo	ankle [eynkl]	trece	thirteen [thertín]
tocar	touch [tach]	treinta	thirty [thérti]
tocino	bacon [béykon]	tren	train [treyn]
todavía	still [stil]	tres	three [thri]
	yet [yet]	triángulo	triangle [tráyengl]
todo	everything [évrithing]	trineo	sled [sled]
todo, todos	all [ol]	triste	sad [sad]
todos	everybody [évribodi]	trompa	horn [jorn]
tomar	take [teyk]	trompeta	trumpet [trámpet]
	catch [kach]	trono	throne [throun]
	have [jav]	trozo	bit [bit]
tomar prestado	borrow [bárrou]	trueno	thunder [thánder]
		tú	you [yu]
tomate, tomates	tomato, tomatoes [toméyto, toméytos]	tú mismo, usted mismo, ustedes mismos	yourself, yourselves [yorsélf, yorsélvs]
tonto	silly [síli]		
torcer	bend [bend]	tu, tus	your [yóar]
tormenta	thunderstorm [thánderstorm]	tubo	tube [tub]
		tulipán	tulip [túlip]
tornar	go [go]	turco, turca	Turkish [térkish]
tornillo	screw [skru]	turista	tourist [túrist]
toronja	grapefruit [gréypfrut]	Turquía	Turkey [térki]
torre	tower [táuer]		

U

tortuga	tortoise [tórtes]		
tos	cough [kof]	último, última, últimos, últimas	last [last]
toser	cough [kof]		
tostada	toast [toust]		
trabajar	work [uérk]		
trabajo	job [djab]	un poco	some [sam]
trabajo, empleo	work [uérk]	un, una (artículo)	a, an [a, an]
tractor	tractor [tráktor]	un, uno (adjetivo)	one [uán]
traer	bring [bring]		
	fetch [fech]	una vez	once [uáns]
traer puesto	wear [uér]	único, única, únicos, únicas	only [ónli]
tráfico	traffic [tráfik]		
tragar	swallow [suálou]		
traílla	lead [lid]		
traje	suit [sut]	uniforme	uniform [yúniform]
traje de baño	swim suit [suím sut]	universidad	university [yunivérseti]
traje de malla	tights [tayts]	usar	use [yuz]
trampa	trap [trap]	usted	you [yu]
tranquilo	quiet [kuáyet]	ustedes	you [yu]
transbordador	ferry [féri]	uva	grape [greyp]
transbordar	change [cheyndj]		
tranvía	trolley [tráli]		

V

trasero	bottom [bátom]	vaca	cow [kau]
tratar	try [tray]	vacaciones	holiday [jólidey]

vacío	empty [émpti]	viaje	journey [djérni]
vajilla	dish [dish]		trip [trip]
valla	fence [fens]	vida	life [láif]
valle	valley [váli]	vidas	lives [layvz]
vapor	steam [stim]	videograba-	video recorder
vaquero	cowboy [káuboi]	dora	[vídio ricórder]
varios, varias	several [séveral]	viejo	old [old]
vaso, vidrio	glass [glas]	viento	wind [uínd]
vecino, vecina	neighbor [néybor]	viernes	Friday [fráydey]
veinte	twenty [tuénti]	vigilar	watch [uách]
vela	candle [kandl]	vino	wine [uáyn]
(iluminación)		violentamente	hard [jard]
vela (barco)	sail [seyl]	violeta	violet [váyolet]
velloso,	fluffy [fláfi]	violín	violin [vayolín]
plumoso,		violoncelo	cello [chélo]
lanudo		visitante	visitor [vízitor]
velocidad	speed [spid]	visitar	visit [vízit]
vencer	beat [bit]	vivir	live [liv]
vencer a	best [best]	vivo, viva	alive [aláyv]
venda	bandage [bándadj]	volantín	kite [kayt]
vender	sell [sel]	volar	fly [flay]
venir	come [kom]	volibol	volleyball [válibol]
ventana	window [uíndou]	voltear	knock [nak]
ver	see [si]	volver	turn [tern]
ver, verse	look [luk]	voz	voice [vóys]
veraneo	holiday [jólidey]	vuelta,	turn [tern]
verano	summer [sámer]	dora	
verbo auxiliar	will, would [uíl, uód]	vuestro(s),	your [yóar]
para formar		vuestra(s)	
los tiempos			
futuro y			
condicional			
verdadero	true [tru]		
verdadero,	real [ril]		
real			
verde	green [grin]		
vergonzoso	shy [shay]		
vergüenza	shame [sheym]		
verja	gate [geyt]		
verter	pour [pur]		
verter,	spill [spil]		
derramar			
vestido	dress [dres]		
vestirse	dress [dres]		
veterinario,	vet [vet]		
veterinaria			
vez	time [taym]		
viajar	travel [trável]		
	go [go]		

Y

y	and [and]
ya	already [olrédi]
yeso	plaster [pláster]
yo	I [ay]
yo mismo,	myself [maysélf]
yo misma	
yogur	yogurt [yógurt]

Z

zanahoria	carrot [kárrot]
zapatilla	slipper [slíper]
zapato	shoe [shu]
zarza	bush [bush]
zarzamora	blackberry [blákberi]
zorro	fox [fox]